苏霍姆林斯基
(1918—1970)

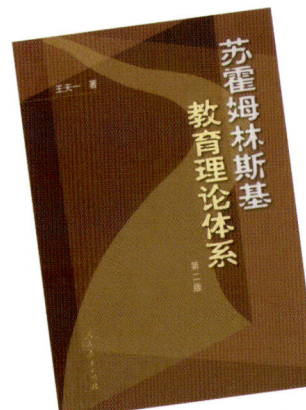

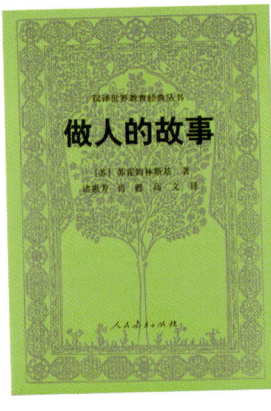
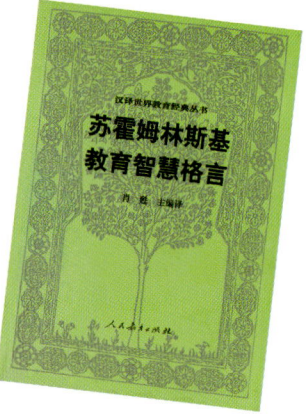

◆ 本书是"苏霍姆林斯基育人系列名著"中的一种,是苏霍姆林斯基的代表作之一。本书阐发了人们在日常生活中经常会遇到的教育问题:什么是真正的幸福,幸福的本质和基础是什么,如何卓有成效地教育年轻人,如何看待爱情、友谊以及如何树立坚定、崇高的理想信念。苏霍姆林斯基充分利用现实生活中具体、生动的事例,形象地论述了以下五个方面的重要思想:(1)培养道德高尚的人;(2)培养良好的道德习惯;(3)培养高尚的道德情感;(4)树立坚定的道德信念;(5)树立高尚的道德理想。这些思想反映了苏霍姆林斯基对人的教育问题的深入探索,对人性中真、善、美和对人类社会美好前景的追求。

"苏霍姆林斯基育人系列名著"编辑出版委员会

顾问 顾明远 苏霍姆林斯卡娅

主编 诸惠芳 肖 甦

委员（按姓名汉语拼音排序）

  高 文 韩华球 李晓萌 刘立德 任长松

  王义高 肖 甦 叶玉华 诸惠芳

丛书责编 韩华球 刘立德

本卷责编 杨 燕

苏霍姆林斯基育人系列名著

关于人的思考

［苏］苏霍姆林斯基　著

诸惠芳　译

中国教育出版传媒集团
人民教育出版社
·北京·

图书在版编目（CIP）数据

关于人的思考 /（苏）苏霍姆林斯基著；诸惠芳译 . — 北京 ：人民教育出版社，2023.6

（苏霍姆林斯基育人系列名著）

ISBN 978–7–107–37278–0

Ⅰ . ①关… Ⅱ . ①苏… ②诸… Ⅲ . ①德育—教育理论 Ⅳ . ①G410

中国国家版本馆CIP数据核字（2023）第108014号

关于人的思考

出版发行　人民教育出版社
（北京市海淀区中关村南大街17号院1号楼　邮编：100081）

网　　址	http://www.pep.com.cn
经　　销	全国新华书店
印　　刷	北京中科印刷有限公司
版　　次	2023年6月第1版
印　　次	2023年11月第1次印刷
开　　本	787毫米×1 092毫米　1/16
插　　页	1
印　　张	11
字　　数	123千字
定　　价	35.00元

版权所有·未经许可不得采用任何方式擅自复制或使用本产品任何部分·违者必究
如发现内容质量问题、印装质量问题，请与本社联系。电话：400-810-5788

"苏霍姆林斯基育人系列名著"出版说明

苏霍姆林斯基是享有国际盛誉的著名教育家，是对当代中国基础教育影响最大的外国教育家。他的教育著作被称为"活的教育学"和"学校教育的百科全书"，在世界各国特别是我国的中小学教师中产生了非常广泛和深远的影响。

长期以来，人民教育出版社一直非常重视传播苏霍姆林斯基教育思想和相关研究成果。早在20世纪50年代，我社编辑出版的《教育译报》杂志就刊登了苏霍姆林斯基关于劳动教育的文章。改革开放以来，我社编辑出版的外国教育史教材中都设有专章评介苏霍姆林斯基的教育思想和事迹。1992年，我社出版了王天一教授撰著的《苏霍姆林斯基教育理论体系》（2003年修订再版）。1998年，出版了苏霍姆林斯基的《育人三部曲》和《做人的故事》（2015年将这两部著作纳入"汉译世界教育经典丛书"再版）。2014年，出版了肖甦教授主编译的《苏霍姆林斯基教育智慧格言》。2017年和2018

年，分别出版了孙孔懿研究员撰著的《苏霍姆林斯基评传》和《苏霍姆林斯基教育学说》。2018年9月26日，我社主办了纪念苏霍姆林斯基诞辰100周年座谈会暨《苏霍姆林斯基教育学说》首发式。这些论著的出版和活动的举行，对苏霍姆林斯基教育思想在中国的传播做出了应有的贡献。

正如苏霍姆林斯基所强调的，日新月异的新时代终究还是"人"的时代，教育的出发点和落脚点也依然是"人"。苏霍姆林斯基的教育经典著作在当下依然具有毋庸置疑的时代价值。为此，我社以"育人"为主题策划"苏霍姆林斯基育人系列名著"。该丛书包括苏霍姆林斯基的10部代表性著作：《把整个心灵献给孩子》《公民的诞生》《给儿子的信》《做人的故事》《要相信人》《关于人的思考》《怎样培养真正的人》《关于人的全面发展教育问题》《给教师的一百条建议》《帕夫雷什中学》。从书目选择方面看，其中有些是20世纪80年代出版后就没有再版过的；从修订和翻译情况看，有些是对原译本的修订，有些是全新译本，并且修订本和新译本超过一半。我们希望本系列名著成为发展素质教育、落实立德树人根本任务、推进人的全面发展的重要参照和精神食粮。

欢迎广大读者对本系列名著的编辑出版工作提出宝贵意见和建议，以使之不断完善。

人民教育出版社
2023年4月23日

超越时空的人道主义教育学经典
——"苏霍姆林斯基育人系列名著"总序

在世界教育思想宝库中,苏联教育家苏霍姆林斯基(В. А. Сухомлинский)的人道主义教育思想体系是其中一颗璀璨明珠,这一思想体系不仅丰富、深刻,而且深深扎根于教育实践,富有鲜活的生命力。它的基本宗旨是培养全面和谐发展的人,在"教育学就是人学"的核心命题下,教学以人为本、育人以德为先是其精髓所在,而以立德为准绳、使德智体美劳各育相互融通的和谐施教观则是其实践的基本路径。苏霍姆林斯基用自己全部的教育生涯和丰富的教育著述,建构了这个具有鲜明特色的人道主义教育理论与实践体系。其人学意蕴的教育学观超越了他所处的时代,不仅影响了相同社会制度国家的教育,而且超越了制度与意识形态,受到世界上不同国家的共同关注。

苏霍姆林斯基的教育思想对中国基础教育界的影响尤其突出,他的全面和谐发展的教育理论与实践影响了中国几代教育人。20世纪50年代，苏霍姆林斯基关于劳动教育的文章就被翻译成中文刊登在我国教育期刊上；1958年，中国杭州的年轻教师王宜就曾到帕夫雷什中学拜访过苏霍姆林斯基校长。从20世纪70年代末开始，中国教育界就对苏霍姆林斯基教育体系进行大规模的传播和研究。40余年来，这位教育大师的大部分著作已被翻译成中文，各种译著的出版发行总量已达到数百万册。在研读其著作、践行其理论的过程中，我们的教育研究者、教育管理者、普通的学校教师及高等学校教育学专业的学习者撰写的研究性著作、学术文章、学位论文、读书笔记、学习心得等多达数万篇（部）。时至今日，苏霍姆林斯基的众多著作仍是广大教育工作者爱不释手的案头书。

我国广大教育同人对苏霍姆林斯基思想与作品的追求与喜爱，不仅证明了这位教育家的人格魅力、其理论体系的影响力与吸引力，而且从一个侧面表明，苏霍姆林斯基著作的出版发行是一项具有常态化市场需求的高质量工程。为适应新时代苏霍姆林斯基教育思想研学热情持续升温的新形势，严把译著出版质量关，满足经典作品普及的需求，一些出版社陆续启动了苏霍姆林斯基教育著作再版再译或新版新译工程。

欣闻人民教育出版社已选定10部苏霍姆林斯基的著作，以修订原译与重新翻译相结合为原则，集合成"苏霍姆林斯基育人系列名著"出版。我认为这是一个非常好的创意。一方面，苏霍姆林斯基的人道主义教育学思想与当下我国教育改革的需求高度契合，对于促进立德树人、全面和谐发展、德智体美劳五育并举及"双减"政策的有效落实，不仅不过时，而且具启发借鉴的意义。另一方面，苏霍姆林斯基去世已过50年，其所有已出版的著作进入公版领域，而在我国随即掀起的新一轮苏霍姆林斯基著作出版热中，有少数为蹭热度、单纯追求经济利益的短平快翻译出版物，其质量令人担忧，给广大读者造成了不少困惑。因此，作为国家级教育出版大社，人民教育出版社的上述决策值得点赞，反映了其使命意识和责任担当。

"苏霍姆林斯基育人系列名著"包括：《把整个心灵献给孩子》《公民的诞生》《给儿子的信》《做人的故事》《要相信人》《关于人的思考》《怎样培养真正的人》《关于人的全面发展教育问题》《给教师的一百条建议》《帕夫雷什中学》。这些图书有的是我们耳熟能详的，有的在20世纪80年代出版后就没有再版过。从书名上看，有些保持了旧有翻译，有些做了改动，比如，之前 Верьте в человека 译成《要相信孩子》，而原著书名中的"человек"实际上是"人"的意思，作者的本意就是告诫教育者要将孩子视为平等的、应被尊重的人来对待和信任，这也是苏霍姆林斯基人道主义教育学的初衷所在。盖因20世纪80年代初期我国处于改革开放起步阶段，在舶来品图书书名上突出人、人性、人道主义的色彩尚不具备条件，所以，为求稳妥又不过多改变原意，最初的翻译选择了《要相信孩子》作为书名。此次该书的全新译本还原著书名以本来面貌，译为《要相信人》。

这套丛书中的各部著作在写作风格上各有特色，记叙型、议叙结合型、对话问答型、学理研究型皆有，篇幅也各不相同，但它们的书名基本都有"人"的存在，在内容上亦有共同的特征：都直接聚焦活生生的人如何得以全面和谐发展，都是作为教师和校长的苏霍姆林斯基对二十多年帕夫雷什中学的教育实践、围绕教育的普遍规律与人的个性发展特质所进行的深度思考和认知表达。我非常赞同人民教育出版社将这些著作集合于同一系列，并冠之以"育人系列名著"的表达，因为这恰如其分地凸显了苏霍姆林斯基人道主义教育学的基本特征。

那么，这位伟大教育家的全面和谐发展教育体系究竟是怎样的人道主义教育学，又怎样能成为经久不衰的、备受教育工作者推崇与珍爱的"学校教育的百科全书"呢？让我们带着崇高的敬意和理性的思考再度走近苏霍姆林斯基，检视其教育思想超越时空的永恒价值和现实影响力吧。

一、为什么说教育学就是人学？

苏霍姆林斯基的人道主义教育学产生于他所处的时代，既离不开其个人成长的生活环境与社会背景，也离不开其教育科学的理论积累和实践探究。"教育学就是人学"，在对教育如此独到精准定性的不断求索中，苏霍姆林斯基为培养全面和谐发展的人、有德行的人、能自主获得幸福的人殚精竭虑，奉献了毕生的精力。

（一）形成人学教育观的重要动因

105年前，在乌克兰中部的一个村庄，一个婴儿呱呱坠地。在普通的家庭中，在平凡的日子里，得益于祖辈、父辈对孩子进行的自然、朴实、人本的教育，这个孩子从小学到中学，到师范专科，再到函授高等师范，逐渐长大成人，成为一名中学教师。他就是苏霍姆林斯基。他成长的环境是普通农村，他求学就业的轨迹没有什么特殊的，他在生活中积累经验、获取知识、磨砺本领、提升智慧。如果没有爆发战争，他可能会像千千万万个普通苏联公民一样，在自己的工作岗位上完成乡村教师的一生。

然而，历史没有这个"如果"，恰恰是第二次世界大战的战火改变了苏联的命运，也改变了作为普通苏联公民的苏霍姆林斯基的命运。这场反法西斯战争使苏联人民付出了近2 700万个鲜活的生命，几乎没有家庭能幸免于战争的伤害。苏霍姆林斯基的家乡、他的至爱亲人、他自己都成为这场战争的受害者。1941年秋，苏霍姆林斯基以连队指导员的身份奔赴前线。残酷的战争让他两度负伤，在第二次重伤后的战地手术中，因医疗条件有限，两块在胸部的弹片无法取出，影响了他的健康。也正是这两块一直留在身体内的弹片重塑了他的生命轨迹和思想轨迹：连队指导员、退伍转业军人、地方教育管理者、基层乡村学校的校长、用生命致力于人道主义教育探索的理论型实践家。

体内残留的弹片导致了苏霍姆林斯基与生命赛跑的倒计时人生。医生告诉他，一旦弹片移动至心脏附近的血管，生命随时可能戛然而止。虽然小小的弹片给苏霍姆林斯基带来肉体上终身的痛苦，但也促使他不停歇地思考，思考侵略战争的罪恶、和平的意义、人性的本质、教育的功用。他确认：个人的和谐发展是家庭和谐、社会安定、世界和平、人类幸福的基本前提；人性的塑造有赖于教育，教育必须培养人性、培养德行；和谐发展以德为先乃教育之根本任务。随着大量的教育实践和探索，他的观点越发清晰——就教育本质的深刻性而言，教育学就是人学！教育的使命就是培养人性！

在平凡的工作岗位上，在同病痛抗争的日日夜夜里，苏霍姆林斯基将乡村学校作为新的战场，依靠坚定的教育信念和丰富的教育智慧，通过梳理丰富多样的教育案例及展开理论与实践的转换与提升，用生动鲜活的文字留下了近50部专著、600多篇论文、1500多个教育寓言和不计其数的教育书信。这些文字让更多的教育者了解其人学教育观的真谛，并继续其人道主义教育学的实践探究。

（二）教育必须看见人，关注人本身

走近苏霍姆林斯基的教育遗产，我们不难发现，他的著作中无一不涉及人、人性、培养人、培养真正的人、培养大写的人、培养全面和谐发展的人等内容。他反复强调，教育学首先就是人学，必须注重人本身，必须是和谐的教育。他坚持认为，人在时代变革中的重要地位无可比拟，尽管人类似乎已生活在数学、物理学、电子学的时代，但更重要的是"世界正进入一个'人的世纪'。我们现在应当比以往任何时候都更多地考虑：要用什么来充实人的心灵"①。他指出，自然科学的重要性无须争辩，但同样重要的是施以道德教育、精神影响。苏霍姆林斯基一再申明，教育，首先是教师跟孩子在精神上的经常接触，他的生活、健康、智慧、性格、意志、公民表现和精神面貌，他在生活中的地位和作用，他的幸福，都取决于教师。"教师的职业是一门研究人的学问，要长期不断地深入人的复杂的精神世界。在人的身上经常能发现新的东西，对新的东西感到惊奇，

---

① ［苏］苏霍姆林斯基著，赵玮等译：《和青年校长的谈话》，教育科学出版社2009年版，第166页。

能看到形成过程中的人——这种出色的特点就是滋养教育工作才能的基础。"①"学校教育的理想是培养全面和谐发展的人，社会进步的积极参与者。"② 苏霍姆林斯基在自己的著述中提及教育使命和职能的话题时，较多地使用"人"而不是"孩子""学生"来表述，这一语言特点在一定层面上体现出其人学教育观的厚重所在。

教育以人为出发点，就必须符合人在现实生活中发展的实际需求。针对当时教育目标或是单纯为升学做准备，或是单纯为就业做准备，苏霍姆林斯基提出，学校的根本目标是培养全面和谐发展的、富有创造性并精神充实的公民和能收获幸福的个人。他认为这个目标是人一生的基础，有助于升学和就业，既给社会提供创造性的建设人才与合格公民，又保证每个人精神充实且生活幸福。他说："远非每个人都能成为学者、作家、演员，远非每个人都能发明火药，但每个人应当成为自己行业上的能手——此乃个人全面发展的重要条件。"③

基于如此的人学教育观，苏霍姆林斯基强调，教育首先应当看见人、关注人，而且必须尊重人、相信人，从而完成启迪人、培养人的使命。他认为，每个人都是独立的，每个孩子亦各不相同，每个孩子都是一个独一无二的精神世界。"教师要善于在每一个学生面

---

① 蔡汀、王义高、祖晶主编：《苏霍姆林斯基选集》第二卷，教育科学出版社2001年版，第535页。
② [苏]苏霍姆林斯基著，赵玮等译：《帕夫雷什中学》，教育科学出版社1983年版，前言第9页。
③ 蔡汀、王义高、祖晶主编：《苏霍姆林斯基选集》第一卷，教育科学出版社2001年版，第47页。

前，甚至是最平庸的、在智力发展上最有困难的学生面前，都向他打开他的精神发展的领域，使他能在这个领域里达到顶点，显示自己，宣告大写的'我'的存在，从人的自尊感的泉源中汲取力量，感到自己并不低人一等，而是一个精神丰富的人。"①

在苏霍姆林斯基眼中，看见人还有更丰富、更人性的意思。他认为，"看见"与"看到"是不同的，"看见"之更深层的教育含义在于：教育者不只看到人的物理形态，更要看见其精神形态；教育者不仅要看到孩子的现实形态，还应预见其未来形态；教育者应当从孩子身上看见未来的父母，从学生身上看见未来的社会建设者。他曾反复告诫教育者：一个人无论今后成为什么样的人，他都将会成为父亲或母亲，高明的教育之道是要善于把学生看作未来的父亲或母亲，要善于从这样的立场来看待教育现象，因为"再过20年，我们的小学生就会领着自己的儿子来上学，就会跟我们一起来思考怎样更好地教育他"②。显然，在这里，把孩子视为父母实施教育的意义已经不局限于儿童教育学、家长教育学的范畴，而是苏霍姆林斯基整体的人学教育观的起始环节、关键环节。

社会由人集合而成，社会的整体素质取决于许许多多的个人素质，人天生无好坏之分，教育对培养精神层面的人至关重要。看见人，看见孩子，是要关注孩子的精神世界；尊重人，尊重孩子，是要尊重将会为人父母的孩子；培养人，培养孩子，是要培养和谐发

---

① ② 蔡汀、王义高、祖晶主编：《苏霍姆林斯基选集》第一卷，教育科学出版社2001年版，第94、112页。

展的孩子。因循这样的人学教育观，人们就不难理解，关注人本身，关注孩子个体的成长，也就意味着关注未来家庭的健康与和谐；关注未来家庭的和谐发展，也就意味着关注以社会基本成员与基本单位的和谐发展为基础的社会整体的健康发展与不断进步。于是，教育影响如此由个别向一般展开，教育功能如此由个体向集群释放，恰恰又是以人为本的教育哲学命题的有序逻辑拆解。

二、苏霍姆林斯基人学教育观的核心内涵

培养真正的人、全面和谐发展的人，是苏霍姆林斯基穷其一生都在思考和探索的问题。他用亲身的教育实践和丰富的理性思考证明了和谐发展的教育必须是德智体美劳五育相互渗透的立体系统，是以人为本、和谐发展的教育。

（一）人学教育观的核心目标是人的全面和谐发展

苏霍姆林斯基在去世前曾竭尽全力拼命干，以便结束主要的工作，即完成几本尚未写完的书。人们不禁要问：这究竟是些怎样的书，能让这位教育家仍以忘我的意志力笔耕不辍于病榻之上？循作者创作年谱看去，我们发现，《怎样培养真正的人》《关于人的全面发展教育问题》两部作品醒目于其中，都是作者写到生命的最后并在其去世后出版的重要著作。前者以对 60 个问题作答的形式，从学校、家庭、社会、师生等多个角度，详尽阐述何为真正的人、如何培养真正的人；后者是作者准备用来申请教育学博士学位答辩的论文，集合了作者毕生对人的全面和谐发展教育一些重大问题的深刻理性思考和人道主义教育实践探索的经验概括，虽未及答辩，但著

作出版后被苏联教育界公认是一篇优秀的博士论文。

真正的人应该是什么样的呢？在苏霍姆林斯基眼里，人作为人而出生，应该努力成为一个大写的人、真正的人，一个有精神追求的人。真正的人要有精神需求和精神财富，要有信仰，有信念，有自尊，有智慧，有健壮的体魄，有发现美的需要，有爱劳动的热情和能力，有爱人之心和同情心，有奉献的精神，有成为好人的热望。"真正的人要有一种精神——人的精神，这种人的精神会在信念与情感、意志与追求之中，会在对待他人和自己本人的态度上，会在分明的爱与憎，在善于看到理想并为之而奋斗方面表现出来。"①

全面和谐发展又是怎样的发展呢？苏霍姆林斯基认为，实现人的全面发展，实际上是实现个体的充分发展，实现个性的身心力量的多方面发展，创造个性综合素养得以持续提升的可能性。在他看来，"在一个全面发展的、活生生的、有血有肉的人身上，体现出力量、能力、热情和需要的完满与和谐"②，在这种和谐里应能看到"道德的、思想的、公民的、智力的、创造的、劳动的、审美的、情感的、身体的完善等"③。苏霍姆林斯基细致地、立体地用五种角色来勾勒全面和谐发展的形象：第一，是社会物质生产领域和精神生活领域中的创造者；第二，是物质和精神财富的享用者；第三，是有道德和文化素养的人，是人类文化财富的鉴赏者和细心的保护者；第

---

① 蔡汀、王义高、祖晶主编：《苏霍姆林斯基选集》第二卷，教育科学出版社2001年版，第196—197页。
②③ ［苏］苏霍姆林斯基著，王家驹等译：《关于全面发展教育的问题》，湖南教育出版社1984年版，第12页。

四,是积极的社会活动者、公民;第五,是基于崇高道德的新家庭的建立者。① 全面和谐发展的人集五种角色于一身的观点,不仅体现了个体发展的全面性、和谐性,而且阐明了作为个体的人与社会的人同命运发展的逻辑性和动态性,从而再次彰显出这位伟大教育家人学教育观的深刻性和前瞻性。

(二)实现全面和谐发展的基本路径是和谐教育,主导方向是立德为先

"人是要教育的,为此必须懂得用什么去进行教育和怎样进行教育。"② 为了实现培养全面和谐发展的人的教育目标,苏霍姆林斯基以丰富的理论辨析和实践探索予以了翔实论证。他阐明,"要实现人的全面发展的思想,必须深入改善整个教育过程",决定学生全面发展效果的重要环节是学校,全面发展思想渗透的路径是实施和谐教育,"没有和谐的教育工作,就不可能培养出和谐的全面发展的人"。③

苏霍姆林斯基在《关于和谐的教育的一些想法》一文中专门提到,和谐的教育就是如何把人的活动的两种职能结合起来,实现其平衡发展。一种职能是人认识和理解客观世界,另一种职能是人的自我表现。后者包括人的内在本质的表现,自己的世界观、观点、信念、意志力、性格在积极的劳动中和创造中,以及在集体成员的

---

① 蔡汀、王义高、祖晶主编:《苏霍姆林斯基选集》第四卷,教育科学出版社2001年版,第13页。
② [苏]苏霍姆林斯基著,赵玮等译:《和青年校长的谈话》,教育科学出版社2009年版,第163页。
③ 蔡汀、王义高、祖晶主编:《苏霍姆林斯基选集》第一卷,教育科学出版社2001年版,第95页。

相互关系中的表现。①正是在这一点上,即在人的表现上,"应当加以深刻思考,并且朝着这个方向改革教育工作"②。他指出,现实中教育的弊端就在于人们所关注的"人的表现"出现了片面性、畸形的单方面性——"人的表现的唯一领域就是知识的评分"成为很多学校的普遍现象,这会成为教育不和谐、成长不和谐的根源。"如果教师和学校舆论唯一地根据分数来给一个人做出好的或坏的结论,那他就不会努力去当一个好人。因为上课、掌握知识、分数——这只是人的精神生活的一个局部,只是许多领域中的一个领域。而偏偏在这个领域中,许多人会遇到巨大的困难和挫折。"③为此,苏霍姆林斯基提醒教育者"时刻都不要忘记:有一样东西是任何教学大纲和教科书、任何教学方法和教学方式都没有做出规定的,这就是儿童的幸福和充实的精神生活"④。所以他确信:"和谐的教育——这就是发现深藏在每一个人内心的财富。共产主义教育的明智,就在于使每一个人在他的天赋所及的一切领域中最充分地表现自己。人的充分的表现,这既是社会的幸福,也是个人的幸福。"⑤显然,在苏霍姆林斯基那里,和谐教育就是创造条件帮助人实现充分的表现,不仅是在认识世界、掌握知识的领域得到表现,而且要在天赋所及的所有领域,尤其是在精神生活中得到充分的表现,用他的话说,就是指使"人之所以能称其为人"的个性的和谐发展、其精神世界的和谐展现。

那么,和谐的教育、和谐的个性、和谐的精神世界以何为导向,

---

① ② ③ ④ ⑤ [苏]苏霍姆林斯基著,杜殿坤编译:《给教师的建议》,教育科学出版社1984年版,第471、471、473、473、480页。

又如何实现呢？苏霍姆林斯基就此回答道：培养全面发展的、和谐的个性之过程就在于，教育者在关注完善人的每个方面及特征的同时，时刻都要清楚它们之间的和谐是由某种主导的、首要的东西决定的，"在这个和谐里起决定作用的、主导的成分是道德"①。他反复强调："要使我们所教育的人多方面活动的道德丰富性在学校精神生活的一切领域中得到表现。"② 在分析科技发展促进社会发展条件下学校知识教育的特点时，苏霍姆林斯基认为，知识在人的道德面貌形成过程中具有非常重要的作用，自然科学知识不仅同关于人的知识、与人的心灵和信念直接相关的知识一样重要，而且"在当前这个时代，只有把道德美和智力的丰富性结合起来，不断地向青年们揭示出人的新的品质，你才可能博得年轻人的心灵和理智"③。现代科技与智慧赋予了人如此巨大的支配自然界的权利，以至于一个人就可以决定成千上万人的命运，此人的道德感、对于他人的义务感和使命感就要比知识和智能本身更重要，如原子能发电站、铁路枢纽是由按钮控制的，而按钮就掌握在人的手里！苏霍姆林斯基用俄国著名自然科学家、哲学家罗蒙诺索夫贴切的名言提醒人们"知识如果掌握在没有道德之人手中，无异于疯子手持着利剑"。他强调必须注重知识水平与道德水平的相互关系，实现人的和谐发展，必须立德为先，以德育为引领。"人是一种精神力量。我在这一真理中看到了全

---

① ② 蔡汀、王义高、祖晶主编：《苏霍姆林斯基选集》第一卷，教育科学出版社 2001 年版，第 93、96 页。
③ ［苏］苏霍姆林斯基著，赵玮等译：《和青年校长的谈话》，教育科学出版社 2009 年版，第 178 页。

部道德教育的一根红线。"① 的确,在苏霍姆林斯基那里,人的全面和谐发展离不开贯穿于其中的德育红线,德育既是全面和谐发展的导向,又是和谐教育的标杆,在德智体美劳各育的实施与相互渗透中,它能将一个蹒跚学步的孩子培养成有思想、有信仰、有觉悟、有德行、有可持续发展动力的合格公民。

三、苏霍姆林斯基人学教育观的穿透力与影响力

苏霍姆林斯基是世界著名教育家,其人学教育观具有极强的穿透力和影响力。他的名字在20世纪50年代就已经从苏联走向了世界。时至他诞辰100多年之后的今天,世界上不同地方对其教育思想的研究与践行仍在继续。

(一)既是民族的财富,又是人类的财富

奥·苏霍姆林斯卡娅是苏霍姆林斯基的女儿,也是乌克兰教育科学院资深院士。受父亲的教育情怀的影响,她也把从事教育研究作为自己终身的事业。在做好本职学术研究的同时,她长期致力于其父亲教育著作的整理和教育思想的收集、挖掘工作,出版和发表了大量著作和论文。2018年,她应《比较教育研究》杂志之约,为纪念其父亲百年诞辰专门撰稿,文章的题目是《身心健康永远是教育的第一要务——苏霍姆林斯基儿童健康教育观的历史前瞻性》。笔者作为约稿人,在约稿时曾特地问她:为什么不写一个大视角大题目的文章,向我们介绍苏霍姆林斯基在世界范围内的影响,并解读

---

① [苏]苏霍姆林斯基著,罗联辉译,欧阳馨校:《怎样培养真正的人》,湖南教育出版社1987年版,第1页。

他为什么能给世界的过去、现在乃至未来带来这些影响？她回答："我整理父亲的遗产是因为他的思想体系有很强的教育意义和时代价值，而回答苏霍姆林斯基在全世界为何有如此影响，为何引起长期、持续关注这类问题，尤其不应当是我等作为子女的人的责任。我要做的是挖掘、研究你们尚未接触、尚未发现而我又因拥有继承其遗产优势所能注意到的一些新问题、新领域。苏霍姆林斯基的思想和远见是超前的，既超越了他的时代，又对当今时代具有现实意义。这次我写的是父亲关于孩子的健康教育和健康文明话题，当今世界任何东西都在发展，都在变化，唯有人，尤其孩子的健康是恒久不变的主题。没有这种身体的健康和心理的健康，世界将不会走远。"

乌克兰教育科学院院长科列缅教授认为，应当从民族国家的角度探讨苏霍姆林斯基思想体系的影响和价值。他指出，苏霍姆林斯基的教育遗产不仅是民族的，也是世界的财富。对于国家发展来说，苏霍姆林斯基为乌克兰教育科学的发展做出了贡献，其人道主义的、以儿童为中心的超前的教育理念依然起引领作用。对于世界来说，他的创造性贡献属于全人类，因为在苏霍姆林斯基的人道主义价值体系中，人是核心。人道主义作为培养全人类价值观的基础，是培养"在国家空间和全球化空间中发挥作用的人"所必需的教育特征。因此，苏霍姆林斯基教育思想是全人类的共同财富。

（二）超越时空的教育宝库

波兰科学院教育学委员会名誉主席、耄耋老人列沃维茨基称苏霍姆林斯基是坚定的人道主义思想的实践者。他认为苏霍姆林斯基的教育学是充满着人道主义精神的教育学，是善良教育学、爱的教育学、心灵教育学和快乐教育学。他呼吁人们向苏霍姆林斯基的教育经典致敬,要像苏霍姆林斯基那样用人道主义价值观来衡量人们的生活,展开教育。

澳大利亚的艾伦·科克里尔教授在自己的青年时代被苏霍姆林斯基的名字和学说吸引,专程自费去苏联做研究,并以苏霍姆林斯基的教育学说为选题完成了博士论文。回到澳大利亚,他在不同的教育机构工作时,都始终不遗余力地传播和研究苏霍姆林斯基的思想。他不但翻译了苏霍姆林斯基的著作,而且把苏霍姆林斯基撰写的德育小故事悉数翻译出来带进小学生的课堂。他引导孩子们把对故事的理解通过自己的双手创作成绘画,并将这种做法扩展到其他国家的同龄孩子中,让孩子们进行相同素材的个性化、创造性劳动。每个人对于故事的不同理解会呈现出不同的画面,在讲述自己作画的理由和特点的过程中,孩子们不但加深了对故事内涵的理解,而且得到了语言表达的锻炼和绘画美的陶冶,可谓德智美劳各育皆有成效。

德国研究者埃里卡·卡尔特曼博士认为,苏霍姆林斯基强调通过"情感文化"引导、教育儿童与自然交流,唤醒其情感,培养其性格。这不仅有助于儿童思维的发展,而且使其生长成与其天赋相对应的"真正的""精神上的"人。因此,在大自然中通过"情感文化"教育儿童的人学教育思想与实践是苏霍姆林斯基伟大的个人成就。

苏霍姆林斯基的思想一直被日本研究者关注。1998年,在北京师范大学举办的苏霍姆林斯基教育思想国际研讨会上,早稻田大学岩崎正吾教授与我不期而遇。在日本,他除翻译出版大量的苏霍姆林斯基著作、发表众多相关教育研究成果外,也在自己的学校实践中进行比对。他在梳理日本研究苏霍姆林斯基以及苏联教育学的特点时指出,苏联后期颇具影响力的教育改革思潮协动教育学(中国学者翻译成合作教育学)在很大程度上受到了苏霍姆林斯基和谐发展教育观的影响,体现了对学生个体人格的尊重,是在尊重基础上的师生平等的合作学习。这种观点对当时日本教育改革产生了尤其明显的影响。

不难发现,各国的研究者不约而同地将关注点落到了苏霍姆林斯基的人性观、人学观上,乃至有人直接阐明,苏霍姆林斯基教育思想超越时空的关键就是人道主义。的确,正是人、人性、人道主义是苏霍姆林斯基教育思想体系的核心,才吸引了不同国家教育者的关注,才殊途同归地解读出其核心思想的合理性、深刻性、永恒性。

(三)用生命与智慧写就的"活的教育学"

苏霍姆林斯基及其教育学说在中国的知名度很高。我国有世界上最庞大的教师队伍,教师数量达1 800万人。从这个意义上讲,苏霍姆林斯基不仅是中国教育界知名度最高的外国教育家之一,也是世界上知名度最高的教育家之一。中国教师对于苏霍姆林斯基的喜爱在于他的人学教育观朴素、真实、有温度,他对教育理念的诠释通俗、直观、有启发性,他对教育实践的梳理具体、生动、有代入感。他用生命与智慧写就的散发着人性光辉的"活的教育学"一直被中国教育工作者视为"学校教育的百科全书"。

苏霍姆林斯基把教育视为自己的生命，视为人类的生命。他植根于最基层的教育现场，用全部的情感与智慧去爱孩子、爱学校、爱教育，用毕生的精力探索人的培养问题，探索教育的真谛。其思想脉络中最关键、最恒久不变的东西是人的真、善、美，是人性美德。他所致力于培养的人，是健康的个体、和谐的自己，是合格的未来父母，是故乡的人，是社会的人，是国家的人，是世界的人，是大写的人，是真正的人。正是对人性本真的珍视、追求与塑造，才使这位教育家的理论与实践体系得以超越时空。

苏霍姆林斯基把教育视为艺术。他始终在教育的舞台上思考教育的艺术和艺术的教育。阅读他的著作，能够让我们把教育不仅视为美学意义的艺术，视为发现的艺术、沟通的艺术，还视为情感的艺术、心灵的艺术，更视为成长的艺术、创造的艺术。他的教育信仰、教育理念、教育实践正是仰仗于他的思考的艺术、行动的艺术、语言的艺术深刻而生动地流淌于他的著作中，浓缩于他的文字里。徜徉于其作品中，我们在真挚与美感中感悟人格的魅力，在人格的魅力中汲取教育的智慧，在教育的智慧中思考育人的真谛，在育人的求索中激发创造的欲望……人格要用人格来培养，苏霍姆林斯基用毕生做出了表率。

时光虽已越过50年，但苏霍姆林斯基并未走远。他既属于自己的那个时代，又超越了那个时代。尽管不同的时代有不同的主题和任务，但人性的根本实质不变，人学的基本使命不变。昨天的教师，今天的教师，无疑包括明天的教师，已经并将继续从这部"活的教育学"中受益。

四、结语

随着时代发展和科技变革,教育环境、形式和内容也在发生变化,但是正如苏霍姆林斯基所强调的,日新月异的新时代终究还是"人"的时代,教育的出发点和落脚点也依然是"人"。在"人"的时代,社会发展的不同阶段有不尽相同的教育主题和学校任务,但人性的根本实质与教育的基本使命始终是不变的。

因此,昔日苏霍姆林斯基的教育经典学说对于今天的我们不仅没有丝毫违和感,而且依然具有毋庸置疑的时代价值。他的人道主义教育思想依然鲜活,他的以道德教育为主线的和谐发展教育体系依然具有强烈的现实意义,他引用的"知识如果掌握在没有道德之人手中,无异于疯子手持着利剑"的名句比任何时候都更加振聋发聩,警醒世人。同样也因此,他的这些教育经典更加需要珍视,需要弘扬,需要深入研读和深刻反思。而这,不可或缺地需要对教育经典的深入研究及高质量译作的出版平台。

人民教育出版社在苏霍姆林斯基教育思想的传播与研究中贡献突出。1992年,出版了王天一撰著的《苏霍姆林斯基教育理论体系》。1993年出版的由毕淑芝、王义高主编的《当代外国教育思想研究》一书中,也有专章评介苏霍姆林斯基教育思想体系。1998年,《育人三部曲》《做人的故事》两部译著赶在8月出版,使我得以在同年秋天赴乌克兰参加纪念苏霍姆林斯基诞辰80周年国际研讨会时,把它们作为礼物送给了乌克兰苏霍姆林斯基国家图书馆和帕夫雷什中学图书馆。2014—2015年,将苏霍姆林斯基的《育人三部曲》《做人的故事》和《苏霍姆林斯基教育智慧格言》三本译著纳入"汉译世界教育经典丛书"。这是对苏霍姆林斯基教育体系的历史价值与时代意义的又一次肯定。之后又出版了孙孔懿撰著的《苏霍姆林斯基评传》（2017）、《苏霍姆林斯基教育学说》（2018）等重量级的研究专著。

如今，人民教育出版社以"育人"为主题策划的"苏霍姆林斯基育人系列名著"即将出版，这在客观上可以更好地营造出苏霍姆林斯基人道主义教育学的立体空间。它既包括教育者，也包括受教育者；既包括学校，也包括家庭；既包括教育者的理念，也包括对不同学段孩子施教的措施与方法。其中丰富的、鲜活的教育案例能再次集中地呈现和彰显苏霍姆林斯基人学教育学育人的温度与深度、胸怀与情怀、形象与形态、画风与画面……相信人民教育出版社的这次创意设计和出版努力，一定会使苏霍姆林斯基的思想学说进一步成为助力我国教育改革创新、推进全面和谐发展教育的营养丰富的精神食粮。

让我们珍视经典，弘扬经典，并向苏霍姆林斯基和他留下的教育经典致敬！

肖 甦

2023年3月

（总序作者系北京师范大学教育学部教授、博士生导师，全国苏霍姆林斯基研究会原会长，国际苏霍姆林斯基研究会理事）

本书译者前言

苏霍姆林斯基（1918—1970），苏联著名的教育理论家和实践家。他出生于乌克兰一个农民家庭。1935年，苏霍姆林斯基开始了自己的教师生涯。除了卫国战争期间参加苏联红军奔赴前线与法西斯侵略者战斗，其他时间他都在从事教育工作。1948年，他被任命为帕夫雷什中学校长，从此一直在这一岗位上勤奋耕耘，直至1970年9月2日去世，历时22年。他以自己的一生实践了为教育事业奋斗终生的誓言，苏霍姆林斯基数十年如一日兢兢业业地工作，把全部心血倾注到扶持孩子们健康成长的事业中。他以帕夫雷什中学为实验基地，同时广泛研究其他学校的经验，孜孜不倦地钻研教育理论，在理论与实践结合的基础上研究教育的新问题，提出自己的新观点并做出新的理论概括。他全面探讨了普通教育的各个领域，提出了使青少年全面和谐发展的理论。苏霍姆林斯基虽然去世较早，但仍给教育事业留下了丰富的精神遗产。他的作品被译成30多种文字在世界很多国家发行。他的重要著作大都已被译成中文。苏霍姆林斯基逝世后，苏联教育部和乌克兰教育部分别编选了5卷本和3卷本的《苏霍姆林斯基教育文集》。他的著作生动地反映了学校教育的真实情况，是对学校工作的生动再现、高度艺术概括和理论提高，因此被称为"活的教育学""学校生活的百科全书"，他本人被誉为"教育思想的泰斗"。

呈现在读者面前的这本不足10万字的小册子，渗透着作者对人的幸福、人性的真善美的严肃、深刻的思考。在苏霍姆林斯基的教育思想体系中，"人"的问题始终居于核心地位，是他的全部思索和实践的出发点和归宿，贯穿于他的工作的方方面面。苏霍姆林斯基经过长期实践和深思熟虑之后得出了一个结论，即"教育学就是人学"。苏霍姆林斯基撰写的《做人的故事》、《育人三部曲》（包含《把整个心灵献给孩子》《公民的诞生》《给儿子的信》）、《关于人的思考》等著作，构成了他的"人学"系列读物，完整地体现了他的丰富的教育思想和教育实践，全面地阐明了他对处于幼儿、少儿、青春期、青年乃至成人之后这一连贯的人生阶段的人的教育的思考。

伟大的无产阶级作家高尔基提出了"大写的人"的概念，全身心地崇拜高尔基的马卡连柯接受了这个概念并在实践中培养出了"高尔基人"这样的"大写的人"。苏霍姆林斯基接受了培养"大写的人"这样的理念并予以发展，提出要培养"真正的人"。在苏霍姆林斯基的心目中，"真正的人"要有人的精神，这样的人在对待信念与情感、意志与追求、自己和他人的态度上，在对待爱与恨的鲜明态度上，在理想与为理想而进行的奋斗中，都表现出"真正的人"的精神。他认为"真正的人"是为人民的幸福而无私奉献的人；为了使周围的人们生活得更美好，使他们的精神更丰富，"真正的人"心甘情愿地奉献自己的全部精神财富，"真正的人"让自己所接触的每个人都能从他的身上，从他的精神劳动中获得某种美好的东西，从而他自己的"情感才可能闪耀魔术般的光芒"。苏霍姆林斯基在《关于人的思考》中提出："用来衡量人的精神是否高尚的尺度是：他为别人做了什么。在这种奉献中最重要的是：心灵的温暖、心灵的善良。"

苏霍姆林斯基是一位善于对生活进行广泛的、细致入微的观察的教育家。他在《关于人的思考》中引用了来自现实生活的具体、生动、鲜活的事例，与读者一起讨论我们在日常生活中经常会遇到的许多严肃问题。书中包含了作者关于什么是真正的幸福的本质和基础的谈话，包含了作者对如何小心翼翼地、深思熟虑地、耐心地培养年轻人的问题所提出的有益的忠告；书中也有这位忠厚的长者关于爱情、友谊的思考，以及他对有理想、有信念的年轻人的殷殷期待。书中没有道德说教，没有居高临下的指导，有的仅仅是作者与读者的真诚交流。作者向读者倾诉自己的思考，邀请读者从作者的思考中得出自己的结论，用这样的方法激发读者自己去对关于人的问题进行严肃的思考。

《关于人的思考》是由作者在不同时期写下的9篇随笔组成的，所有文章都是对重大的、复杂的教育问题长期思考的成果，贯穿着作者一生对求真、向善、爱美的追求。

《关于人的思考》中的第一篇和第四篇是苏霍姆林斯基关于"幸

福在哪里"的思考。幸福仅仅是拥有丰厚的物质财富，抑或是能"心想事成"、随心所欲地实现自己的任何欲望吗？苏霍姆林斯基通过生动的事例告诉我们，最高的幸福就是无私地为祖国、为社会服务，进行创造性的劳动；就是把自己的一腔热血和思想的火花贡献给别人，光明正大地做人。苏霍姆林斯基认为，对幸福的高尚的、无私的理想能战胜贪婪、吝啬、占有欲。那么，这种真正的无私的源泉在哪里呢？苏霍姆林斯基经过思考后得出了结论："看来，无私行为的源泉是一种非常特别的幸福观。"这种幸福观就是在创造精神财富的同时去增加物质财富。这种精神财富就是每个人都全身心地热爱劳动，热爱劳动不是为了谋求物质利益，而是为了心灵的升华。心灵得到了升华，创造的世界、理想的世界就在每个人面前敞开了大门。对为社会谋福利的劳动的需求将变成最强烈的需求之一。生活的幸福就在于用自己的双手为其他人、为子孙后代的幸福创造美。

　　孩子能否从小就逐渐形成正确的幸福观，家长应该是第一责任人。家长要营造关心人的氛围，用自己的言行教育孩子尊重他人的劳动和情感，让孩子学会关心人，并懂得每个人都有义务去帮助犯错误的、迷失方向的人。家庭成员之间、同学之间、师生之间及与社会上的一切人之间，除了亲情、友情等情感，还有彼此之间的崇高的责任感。苏霍姆林斯基认为，教育中最重要的和最困难的事情，是要使每个儿童从懂事时起就深深地相信人身上存在的和可能存在的所有好的东西，坚信如果没有友谊、没有心灵的纯洁、没有真诚、没有真理，生活就不可能有真正的快乐，坚信人应该成为心灵美的斗士，应该为争取普遍的幸福而奋斗。苏霍姆林斯基说，要让真切的友谊感从每个受教育者的童年时代起就渗透到他的心灵中，要让他把自己心灵的温暖奉献给自己的朋友，为朋友的快乐而高兴，为朋友的痛苦而悲伤，让他用自己的行动去帮助其他人，不仅帮助小伙伴们，还要帮助成年人，用自己的行动去展示人身上的好的东西，养成与人为善的能力和修养。如果一个人没有这种信念，他就会变成幸福的享受者，利己主义的享乐和愉悦就会阻碍他走上人类幸福的大道，他会为了谋得自己的幸福而去掠夺其他人的幸福。

《关于人的思考》中的第二篇随笔实际上是苏霍姆林斯基关于劳动教育的思考。作者认为，每个人都具有独特的个人天赋，从儿童逐渐表现出个人天赋、个人兴趣的那一时刻开始，在他的生活中就应该出现劳动，从那时起教育者就应该吸引儿童参加有利于发展其个人爱好、天赋才能的劳动，要让儿童从小就能为了崇高的目的全神贯注地、心驰神往地从事创造性劳动。在这样的劳动中，儿童卓越的天赋就有可能得到开发，他身上所具有的鲜明的、出类拔萃的、独具风格的个性才有可能被充分地表现出来。苏霍姆林斯基认为，要让儿童在劳动中用自己的心灵去体验周围世界的现象，体验劳动的意义。劳动中的英雄主义，不仅表现为顽强和勤奋，还表现为技能、知识、高度的文化修养、先进的技术，以及推陈出新。要让儿童为自己在劳动中所取得的成绩而自豪，从而让儿童逐步明白劳动的崇高道德意义。只有儿童对劳动的热爱达到忘我的程度，并且劳动使儿童高兴不是因为可以得到利益、好处和特权而是因为他在劳动和工作，儿童才能在劳动中找到幸福，他的天性中一切美好的东西才能臻于完善。苏霍姆林斯基总是在儿童积极的天赋的基础上尽量使他在劳动过程中找到快乐，并使他逐渐认识到应该走怎样的劳动生活的道路才能成为幸福的人。劳动教育的最重要的意义就在于，不仅应该把每个儿童培养成能干的劳动者，而且要赋予他们独特的个性、独一无二的创造的幸福及丰富的、有血有肉的精神生活的幸福。

第三篇随笔是《冷漠——心灵的麻醉剂》。作者写了好几个生动的事例，说明孩子们都像《皇帝的新衣》中那个大声呼叫"国王没穿衣服"的孩子一样敏锐、率真，他们的眼睛里揉不进沙子，天性疾恶如仇，有自己的尺度，有自己测量善恶的标准，自以为是地去扬善惩恶。但由于他们年幼且缺乏生活经验，在处理事情时会表现得情绪过激，或搞出一些令人啼笑皆非的小恶作剧；他们有时也会心急火燎地去向教师、家长等成年人诉说、抱怨、告状，希望从成年人那里得到帮助，希望成年人与他们一起体验忧患。苏霍姆林斯基发现，许多成年人在这方面犯下了不可原谅的错误：他们认为孩子来告状只是希望让恶徒受到惩罚，对孩子的抱怨置之不理，甚至企图说服他，让他相信某种过失在他看来是很大的恶，实际上是小事一件，是不值一提的。苏霍姆林斯基指出，真正的教育者应该懂得不给孩子火热的心灵泼冷水是多么的重要，不让孩子成为冷漠的人是多么的重要。成年人的冷漠，如刺骨的寒风，会吹灭孩子心中高尚的、火热的但比较微弱的火苗。成年人的冷漠会动摇孩子对他们在世界上最珍贵的东西的信念，这种信念就是对真理必胜的信念，这种信念就像指路明灯那样照耀着他们生活的道路。孩子在被泼了冷水之后再次遇到不正当行为时，他就不会对恶做出敏感的反应，火热的、热情的心声有可能被理智的、冰冷的、干巴巴的声音所压倒："值得注意它吗？反正我的干预无济于事，我一个人能干什么呢？"苏霍姆林斯基深刻地指出，对周围世界中的现象的冷漠，对其他人的精神世界的冷漠，是产生利己主义和自私自利行为的根源。孩子的利己主义通常起始于孩子感到自己对恶无能为力之时。哪里有无能为力感，哪里就有孤独感。如果孩子把自己心灵的热情奉献给了其他人，如果他的心为善而高兴，因恶而气愤，他就任何时候都不会感到他是一个人在与错误孤军作战。成年人要善于与孩子分享崇高的情感，尊重孩子的高尚的冲动；否则，孩子会恼怒，把自己封闭起来，在心中产生对成年人的敌视态度，并开始与成年人疏远，还常常表现出令许多冷漠的成年人诧异的执拗、任性。苏霍姆林斯基告诉教师和家长："当您看到孩子做什么事故意让大人生气，违反大人的要求，您就应该知道，孩子的情感被践踏了。"他还语重心长地说："年幼孩子的心中充满着感受，这种感受控制着他们的思想。在情感的影响下，孩子准备着立即去行动。重要的是要让这种心灵的热情感染其他人，而不是让这种热情冷却下来，因为孩子的心灵才刚刚开始以其他人的快乐和悲哀为自己的快乐和悲哀；教育者的任务是要使道德情感成为深刻的、始终不渝的情感。在少年期和青年早期，如果心灵的热情没有用在高尚的行为上，没有感染其他人，出现这样的情况是很不好的。"

除上述提到的4篇文章外，《关于人的思考》还探讨了理想信念、友谊、家庭教育、爱情等重要问题，在此不一一叙述，只想就家庭教育问题说几句。近日笔者在网上看到有人总结了"不合格家长"的 10 多种行为：给孩子特殊待遇；当面袒护犯错的孩子；以孩子为中心，一家人围着孩子转；轻易满足孩子的无理要求；央求孩子；包办代替，剥夺孩子的独立性；出尔反尔，不守信用；不良的生活习惯；等等。家庭教育中存在的这些问题，苏霍姆林斯基在《关于人的思考》中也谈到了。无论是苏霍姆林斯基还是近一个世纪以前的马卡连柯，都非常尖锐地指出过这些问题，做了鞭辟入里的分析，提出了发人深省的建议。对此有兴趣的读者，不妨读一下《关于人的思考》和马卡连柯的《父母必读》《儿童教育讲座》等著作，看看苏霍姆林斯基和马卡连柯是如何看待这些问题的，与伟人们一起去思考，一起去行动。

诸惠芳

2023 年 3 月

目 录

序：在通向美好未来的道路上 /1
致读者 /3
幸福在哪里？ /7
人的"草稿" /21
冷漠——心灵的麻醉剂 /37
幸福在人的自身 /51
珍爱对理想的信念 /69
成为照耀别人的一束光 /89
朋友温存的气息 /101
儿童心灵的创伤 /121
对纯洁爱情的向往 /133

序：在通向美好未来的道路上

本书篇幅不大，但容纳了作者对人的幸福、对真善美与假恶丑、对人的性格的形成和人的情感的严肃思考。本书旨在确立新的、广阔的、纯洁的、与共产主义理想相一致的生活准则。

本书由俄罗斯联邦科学院通讯院士苏霍姆林斯基撰写，他是一位中学校长，一位拥有丰富的生活经验和教育经验的人。一个人，只要他珍视我们的未来，那么即使在今天，他也会用明天的共产主义生活所提出的高要求来衡量自己和周围的人，会兴趣盎然地阅读这本渗透着对人的深刻思考的书。

作者讨论了许多我们在日常生活中和在教育年青的一代的过程中会经常遇到的严肃的问题。书中包含了作者关于什么是真正的幸福的本质和基础的阐述，包含了作者对如何小心翼翼地、深思熟虑地、耐心地教育年轻人的问题所提出的有益的忠告，也有关于爱情、友谊的思考及对崇高理想、信念的坚定追求。

作者直接引用了许多来自各方面的生活、能反映现实的生动的例子来阐明这些问题。读者能感觉到作者的语言是严密、审慎、准确的,也是热诚的,能感觉到作者所论述的现象不是他臆想出来的,而来自对生活既广泛又细致入微的观察;读者还能感觉到作者并没有进行道德说教,也没有直截了当地教训别人,而与读者交流自己的思考,邀请读者从交流中得出自己的结论。因此,本书让人觉得很可信,它能激发读者也去严肃地思考关于人的问题。

列夫·卡西尔

(本序作者系苏联著名青少年文学作家,曾任苏联作家协会儿童文学委员会主席)

致读者

我在一所农村中学当了27年教师。从部队复员已17年了,从那时起我就担任基洛沃格勒州帕夫雷什中学校长。我们是一个很好的教师集体,一个和睦的、勤奋的集体。包括我在内的大多数教师,自我们的村子从德国法西斯侵略者的手中解放出来之日起就在这所学校工作。战争的最后几年以及战后的最初几年是相当困难的。当时既没有笔记本,也没有教科书,每个家庭都遭受了严重的战争创伤。

我还记得我们如何努力争取让每个孩子都来上学。1961年的秋天,我们村里一位受人尊敬的机械师、共产主义突击手把自己的孩子送到我们学校来上学。在孩子注册时,我想起了他的父亲。17年前,当时每到晚上还能看到闪现在地平线上的战争的火光,每天有人回到村子里,这些人不是拄着拐杖,就是失去了手臂。机械师——当时那个15岁的少年舒拉,离开了学校,去拖拉机生产队工作。他花了一个星期的时间学会了驾驶拖拉机。我们的学生成了拖拉机手，而我们几乎每天都要去找他的母亲，询问舒拉为什么不来上学。

舒拉的母亲哭了，她请我们到地里去，与她的儿子谈谈。孩子不听她的话是很自然的事情，这是一个没有父亲的孩子，他的父亲在战争的第一年就牺牲了。我和教务主任一起去与我们的拖拉机手谈话。我们看到，拖拉机停在犁过的田地里，发动机还在轰鸣，而拖拉机手和看管拖车的人却不在。我们在森林边的一块空地上找到了他们，两个15岁的孩子正饶有兴趣地玩耍：他们正在从一个小洞里往外掏蜘蛛，把一根系在线上的蜡球一会儿放下，一会儿举起。

我至今还记得那时舒拉停止游戏后望着我的目光。每当我看到被某人或某事剥夺了儿童的乐趣的人时，我就会想起他。战争夺走了舒拉的这种欢乐。我们终于让他回到了学校，帮助他接受教育。现在，他已经做了父亲，带着自己的儿子到学校来，与儿子谈人的命运，谈这些年来我们的人民走过的道路。

我们设想一下机械师舒拉儿子的命运。他将于1972年毕业，那时我们的国家将成为世界上最富裕的国家。但是我和孩子的父亲都为这个未来共产主义社会公民的命运担心。我们用新的、更严格的尺度——共产主义建设者的道德规范来衡量他。我们毫不怀疑，机械师的儿子将成为全面发展的、有教养的劳动者，一位像他父亲一样的机械师，或者成长为一名画家、一名建筑师、一名学者。让我们不安的是另一件事：如何培养新人的心灵？

新社会的年轻的建设者，应该是自己祖国的赤诚的爱国者，绝对忠于共产主义事业,深深地热爱劳动,是一个诚实的、正直的人,对不劳而获、欺骗之类的恶行深恶痛绝。

具有共产主义建设者道德精神的人,把高度的共产主义思想性,道德的纯洁、真诚、高尚,身体和审美的完美,像合金一样奇妙地熔合在一起。正如当小小的异物掉到金属中,这种合金就会出现气孔,如果在进行教育时对缺点熟视无睹,没有发现要成为合金的品质纯净的金属中掉进了一小粒含有旧世界力量的杂质,那么,在新人的精神世界中就有可能出现缺陷或虫眼。

本书的几篇随笔写于不同的时期。所有这些文章都是对重大的、复杂的教育问题长期思索的结果。有一些过去认为是纯粹的教育范畴之内、学校生活范畴之内的问题,现在却越来越多地得到了社会舆论和家长的重视。每个苏联人都希望自己不仅成为一个好的劳动者,而且成为自己孩子的好的教育者和社会教育的积极参与者。虽然我在书中主要讲儿童、少年、青年男女的教育,但它不仅适合教师,而且适合家长、青年和整个舆论界阅读。希望读者,不管从事什么工作,是教师或是少先队辅导员,是宣传工作者或是共青团积极分子,是工人或是农民,都要去思考孩子、少年、小伙子和姑娘们的命运:再过一年、两年、三年或五年,他们将生活在共产主义建设者的家中。希望对人的思索,能像建设水电站、矿场、煤矿、输油管那样使每个人感动,像宇宙飞船的发射那样令人振奋、心潮澎湃。

幸福在哪里？

人类自古以来梦寐以求的理想是实现社会制度的公正，在这样的社会中，人是最宝贵的。在我们的国家中所创造的一切，无论是丰富的物质财富还是文化财富，都是为了人，为了人的幸福。

那么，幸福在哪里呢？幸福就是从满满的物质财富中分得一杯羹吗？幸福就是没有缺吃少穿之忧虑吗？幸福就是立即实现自己的任何愿望哪怕是小小的愿望吗？我参加过许多辩论会和读者座谈会，会议的主题都是讨论未来社会的问题。在会上我听到了许多激动人心的、热情豪迈的话语，这些话语洋溢着一种信心，即坚信未来社会的人的动机是纯洁的、高尚的；也有些发言指出了担忧，对于一些不坚定的人来说，丰富的物质背后可能隐藏着危险，这种危机感让人深感不安；还有的发言畅想了人应该怎样驾驭自己的愿望和需求。

"我觉得共产主义是人民友谊的大家庭，这个大家庭中的每个人都是绝妙的创造者,独一无二的能工巧匠,"克列缅丘格水电站的一位20岁的女工说,"这个家庭的每个成员首先想到的是为社会提供什么好的东西,怎样表现自己的才能。有技能,能创造,对他来说应该是最大的幸福。只有那个时候,当一个人看到他有可能得到好衣服时,当看到漂亮家具有可能放在自己家中时,他的眼睛就不会睁得大大的。为共产主义生活做准备,这就是说,要发展每个人的才能。如果我们不这样做,我们就不能享受物质财富的丰裕。一个庸庸碌碌的什么也不会干的人,胃口却总是很大,他很贪,看到什么就想要什么。这样的人的存在是很可怕的。更可怕的是看到疯狂的贪财者、攫取者、泼留希金①之类的人……问题不在于能力。重要的是人心中的火花用来照亮什么:是尽量用来为自己和千千万万其他人照亮道路,还是只照亮自己的储存财富的小柜子……"

让许多年轻人激动不已的问题是:"什么样的生活才是按需索取,如何让人的需求不仅是丰富的、多方面的,而且是无私的?""如果我只想吃得好,穿得好,家里有好的摆设,还想读读有趣的书,听听收音机,看看电影,那么,这就说明我还没有为在共产主义社会生活做好准备,"在以列宁名字命名的集体农庄的一次共青团青年辩论会上,青年机械师 С.И. 李森科说,"但是,所有这一切是别人给我的。要满足这些需求不需要太大的才能。对于共产主义社会更重要的是另外一些需求:无偿地、无私地为其他人,为社

---

① 泼留希金,俄国伟大批判现实主义作家果戈里的名著《死魂灵》中的一个吝啬成性的人,这个名字后来成为"吝啬鬼"的代名词。——译者注

会提供财富。"

老一代人在五年计划、伟大的卫国战争、战后建设等时期经历了道德的磨炼,在他们的发言中这一思想体现得尤为深刻。他们教导年轻人:幸福,就是无私地为社会服务,就是把自己的一腔热血和思想的火花贡献给别人。有的人看到共产主义社会物质极大丰富的曙光就眼花缭乱了,企图尽可能多地攫取财富,这种人令老一代人深感不安。事实上,这样的人自己变成了物质的奴隶,然而他们却还让自己的孩子相信,幸福只不过是饱食终日的、无忧无虑的生活。

在一次与青年人的座谈中,一位老工人谈到了在自己家中上演过的一出沉重的悲剧,贪图财富的气氛笼罩了这个家庭。引发这场悲剧的导火线是一个让少年感到焦躁的激动人心的问题:真正的幸福在哪里?幸福就是金钱、物品、珠宝吗?抑或是自由奔放的理想,它召唤人投入自我牺牲的劳动,游览遥远的地方,无私地为人类服务?

这位工人的话令我感到震惊,我决定更深入地了解与这件事有关的人。我来到了第聂伯河河畔的一座小城市,见到了许多人。在我面前似乎展开了两个世界:一个世界受到浪漫的理想鼓舞,纯洁的心灵是何等惊人的高尚,这种理想就是:最高的幸福就是为祖国服务,要进行发明创造,为了友谊而光明正大;另一个是充满庸俗的攫取、吝啬、贪婪、腐败的世界。这两个世界你死我活地搏杀。

下面就是我在这座五年前才出现的乌克兰小城市中得知的事情(这出悲剧的参演者的名字,出于众所周知的原因,我做了改动)。

八年前,亚历山大·奥尔留克从军队复员。在军队服役的最后一年母亲给他写了封信,信中写道,她的身体垮了,她焦急地等待儿子的归来。母亲的心似乎预感到了灾祸临头,儿子回来后两个星期,母亲倒下了,又过了一个星期就去世了。

母亲去世后留下了22岁的亚历山大和他的5岁的弟弟彼佳。有人建议亚历山大把弟弟送去保育院,但他决定不与弟弟分开。

亚历山大在集体农庄当了半年拖拉机手。当第聂伯河河畔古老的乡村刚开始热火朝天的建设时,他就去了建筑工地。他带着弟弟的日子过得很艰难。上班时,他把弟弟留在宿舍里,请下班回来的同事帮忙照顾。有的时候他不得不把弟弟彼佳带到推土机司机室里去。

弟弟上学后,亚历山大每星期都去拜访弟弟的老师,了解他的学习成绩。休假期间,他三次带彼佳坐船游览,从第聂伯河河口到第聂伯河上游,游览了新阿斯卡尼亚①草原上的自然保护区。小男孩喜欢听哥哥讲远方的城市和外国的故事。

两年后,亚历山大分到了一套位于水电站镇上的住宅。他拿了高工资,买了许多书和杂志。他还买了一些同志们称赞的东西,如亚历山大买了天文望远镜。闲暇时间他观测天空,给彼佳讲述星星和行星。小男孩屏气凝神地听着有关行星和遥远的宇宙中可能存在生命的故事,对宇宙的辉煌图景感到惊讶。他梦见了来自宇宙的客

---

① 新阿斯卡尼亚是乌克兰赫尔松州自然保护区,那里有新阿斯卡尼亚草原动物研究所和南乌克兰动植物博物馆。——译者注

人，他焦急地等待着夜幕的降临。冬天快到了，亚历山大在阳台上搭起了一个真正的观测台。

亚历山大还有一个爱好，他迷恋不同寻常的植物和鱼。他做了一个鱼缸，鱼缸里养满了稀奇古怪的鱼和蜗牛。在房间的一角布置了一个小温室，里面种着柑橘。彼佳成了哥哥的助手：他为鱼准备饲料，为植物寻找肥料。他想做一个自己的鱼缸，于是就动手干了起来。

几年过后，彼佳已是12岁的少年了。家里也发生了很多事情，亚历山大和彼佳的生活发生了很大的变化。

亚历山大结婚了。家里来了一个女人薇拉，她一来就不喜欢丈夫的爱好。鱼缸和小温室被搬到阳台上去了。在原来放小工作台的地方放上了一张小桌子，桌子上放着小瓶子、小罐子和小镜子。亚历山大越来越频繁地听到这样的责备：人家把值钱的东西拿回家，而你却迷上了小孩子的玩具；该想一想自己的家和将来了……在薇拉的坚持下，亚历山大订购了一套昂贵的家具。他没有什么积蓄，所以不得不大大削减花费在一切薇拉称为"小孩子的胡闹"上的开销。亚历山大从书店旁走过时感到忧伤，因为他没有留下买书的钱。

不久，亚历山大得到了一套在底层的大房子。装有玻璃的凉台代替了以前的阳台。彼佳很快认识到了凉台的优越性：在凉台上可以装备一个很好的观测台。兄弟俩好不容易才保住了凉台，不让小柜子、小桌子入侵。彼佳在这里放置了天文望远镜、鱼缸以及许许多多的收藏品。

下班后亚历山大经常与薇拉一起去逛商店，为家里选购物品。

许多东西商店里没有，薇拉就逼迫亚历山大去逛市场。卖地毯、窗帘、网状纱的投机商人开始上门了。

哥哥身上发生的变化让彼佳很吃惊。亚历山大原来是一个意志薄弱的人，但他轻易地对妻子和她的任性让步了。在这套住宅的所有三个房间里，现在不允许任何人坐在沙发椅上，不允许躺在沙发上，不允许碰靠枕。这让亚历山大感到了一些苦恼，但彼佳生气了。少年彼佳开始与薇拉发生冲突。例如，彼佳穿过自己的房间到凉台上去，他故意用脚把地踩得咚咚响，老是把什么东西"忘"在客厅或卧室的桌子上。这让薇拉受不了了，她在亚历山大面前告这个"讨厌的"小男孩的状。

有一次薇拉买了几米黑色的绸缎。彼佳拿走了这块缎子，用来遮挡他的小照相洗印室的墙。他不认为这个行为有任何的不体面，因为缎子并未被损坏。薇拉找这块缎子找了很长时间，找到后就大发雷霆。她从墙上扯下缎子后就向彼佳扑了过去，对彼佳拳脚相加。彼佳惊呆了，脸色苍白，没对薇拉说一个字。他久久地站在那里，手里拿着被薇拉打碎的红玻璃的碎片，然后蜷缩在自己的房间——凉台的一角，在鱼缸旁一直坐到深夜。亚历山大在那里看到了他。

肩膀上的轻轻触摸，让彼佳回到了现实。小男孩皱着眉，迎着兄长的目光。

"你为什么要拿这块缎子？"亚历山大轻声地问。

"去，去向每块破布和所有的像大理石那样的蠢货祈祷吧！"彼佳愤愤地说。

亚历山大叹了口气。彼佳感到不能再对薇拉说长道短了，因为兄长已经够为难的了。他们回忆起了在第聂伯河河畔的无拘无束的生活，回忆起坐轮船旅行时在他们面前打开的广阔的天地，回忆起那些在望远镜旁度过的奇妙的、温馨的夜晚以及关于遥远的宇宙的梦想。

"告诉我，生活的幸福在哪里？亚历山大，"男孩小声地说，"在我们的幻想里吗？还是在这些破布和连坐都不许坐的大肚子的沙发椅里？"

亚历山大震惊了（他第一次听到弟弟说这样的话），他想：小伙子已经14岁了，再过一年就该加入共青团了……

"幸福在哪里？"彼佳又问，他向兄长身边凑近了一些，把双手放在他的膝上，"你还记得我们想做一个大鱼缸，设法为它找一些珍稀的鱼，在自己的房间里建造一个小印度洋；在大木桶里种棕榈树……我们还打算到远东、到乌苏里边区旅游……难道这一切都不可能了吗？"

亚历山大默不作声。彼佳想唤醒哥哥心中沉睡的理想，促使哥哥考虑一下自己的生活，从旁边看一看他现在已开始习惯的东西。小男孩不知道该怎么做，他懂得，哥哥很爱他的妻子，只要一想到她的缺点，他的心情就会很沉重。

薇拉丝毫不关心少年经常不在家的事实，亚历山大对弟弟的关爱也越来越少。彼佳过着自己的生活，在望远镜的对面他挂上了一张星空图，又做了一个鱼缸。他用一幅很大的装饰版画连接凉台和其他房间的玻璃门。在这幅画里，一些稀奇古怪的鱼在海的深处遨游,其中还有传说中的尼摩船长的"鹦鹉螺"①。薇拉好几次想用织有天鹅和梅花鹿的小毯子来挡门,但彼佳要用自己的美丽的理想来保护自己的世界,不让愚蠢的、自私自利的手入侵他的世界。

从此沉默的、顽强的敌视开始了。在彼佳的房间里,薇拉只要一有机会就对彼佳的兴趣和爱好表现出蔑视:她一会儿用鼠笼挡在打开的门前不让门关上,一会儿把男孩为鱼缸准备的水倒掉,一会儿把男孩一包一包精心地放好的彩色纸弄混,一会儿"忘"了关门,让淘气的小猫打翻散放在桌子下的小盘子,而这些盘子里放着的是正在洗印的、已显影的胶片。

彼佳马上予以报复。他决心把自己的世界建造成不可攻克的堡垒。他把两扇门上的金属把手接上电池,不知道这个秘密的人打开房门时,手一摸到把手就会产生麻木感。第一个摸到把手的是薇拉,她尖叫一声跑向丈夫,对丈夫久久地说了些什么。哥哥一声不吭,后来他轻轻地走进了彼佳的房间,坐在彼佳的身旁,什么也不盘问。

彼佳先开口了:"明天我离开你们。我要去工作了,住在宿舍里。"

"不可以这样做,"亚历山大回答,"人家会怎么说……把一切都

---

① 尼摩船长是法国科幻作家儒勒·凡尔纳的名著《海底两万里》中的主人公。尼摩船长驾驶着他的鹦鹉螺号船从北极航行到南极,从大西洋航行到太平洋,几乎游遍了海洋的每个角落。他利用自己的鹦鹉螺号船攻击侵略者的军舰,将从海底打捞出来的巨额财富用于援助被压迫民族的正义斗争。——译者注

忘了吧，在其他人家里也常常有不愉快的事……"

"不，这样的事哪里都不会有！"彼佳激烈地反驳，"人家家里的沙发是让人坐在上面的，而你们，是让人看的。你甚至怕碰它一下，生怕惊扰了这些靠枕……"

亚历山大默默不语。彼佳继续愤愤地诉说："你知道吗？她打算把《动物的生活》《百科全书》送到旧书店。她已经暗示几次了，她说这些书谁也不看，它们只不过占着地方。她需要钱去买新毯子。而你，当然是同意的。似乎所有这些毯子呀、粗地毯呀，是从我们在博物馆里看到的石椁里掏出来的：只要碰一碰它们，就会在空气中扬起遮天盖地的灰尘……我在这里很痛苦。连呼吸都很困难……而你什么话也不说。你为什么不对薇拉说，她在把我们拖向泥潭？为什么你不读书也不去看戏？"

亚历山大紧锁着眉头坐在那里。弟弟的肺腑之言刺痛了他，但已不像从前那样刺痛他了。彼佳感觉到了哥哥对他的坦率的不满。这就使他更加激动，他毫不考虑哥哥会怎样看待他的话，他说："与你的粗地毯以及大象待在一起吧，很快你自己也会变成大象的。"①

彼佳走了，"砰"的一声关上了门。

他再也没回家。他在建筑工地的工长阿列克谢·马卡罗维奇（大家叫他马卡雷奇）家中过夜。马卡雷奇称赞彼佳的决心，让他进了自己的学徒生产队，但不同意他搬到宿舍去住，给了他一间小房

---

① 这里是口语，有讽刺的含义，即变成一个见小不见大、忽略最重要的东西的人。——译者注

间。彼佳搬到马卡雷奇家里去了，他把自己所有的宝贝都搬到了这间房间。这些宝贝有鱼缸、望远镜、照相洗印设备、星空图……

亚历山大去看过彼佳几次，在他那里坐了一会儿就回家了。但彼佳不想听他说话。

"我应该走自己的路，"他说，"我不喜欢你的路。在你们那里我很痛苦……我将一边工作一边学习。"

阿列克谢·马卡罗维奇劝彼佳无论如何要去看望兄长。彼佳几次打算去看望亚历山大，但走近房子，他却没有足够的力量去打开篱笆门……

这就是我到第聂伯河河畔的一座城市出差时了解到的一场冲突。我越深入了解彼佳、阿列克谢·马卡罗维奇以及他们的朋友们，我就越深信对幸福的高尚的、无私的理想能战胜贪婪、吝啬、占有欲。我看到与彼佳一起生活和工作的人们热爱生活，热爱劳动。我在那里遇到了一位钳工，他在一块小小的地方建起了一间真正的绿色实验室；在几年的时间里，他把南方的葡萄品种与东方的乌苏里葡萄杂交。他的理想是让杂交后的果实具有独特的味道，那是世界上独一无二的味道。他兴奋地谈论不同品种葡萄的味道的细微差别，就像诗人在谈论彩虹、天文学家在谈论星星那样。他的园子里有几十株果实累累的葡萄树，那个秋天，当我去他家做客时，正是葡萄大丰收的时候，一串串沉沉的葡萄把枝条都压弯了。他收获了数百千克的葡萄，但没有出售一颗。邻居们诧异地说到了这一点，说他是个傻瓜，因为他本可以用自己的葡萄换来几百卢布。

这种真正的无私的源泉在哪里？是在能抵制无数诱惑的精神力

量里面吗？我聆听了这个人说的每个字，思考他的每个行为。看来，无私行为的源泉是一种非常特别的幸福观。这个人如此迷恋服从于大自然力量的理想，当别人企图说服他出售自己的创造性劳动的成果时，他竟然会觉得这种想法是愚蠢的，就像企图出售光线一样愚不可及。劳动变成了他的一种激情。他想让所有的人生活在纯洁的、高尚的理想之中。对于所有来观看他的奇妙的葡萄园的人，他都送葡萄秧、插条或种子，并向他们演示如何照料它们。除了他自己的、完全个人的甚至可以说是隐秘的理想，他还有一个大理想，他是这样说这个理想的：

看到这片被太阳晒焦了的山冈了吗？到了春天，用第聂伯河的水一浇，它就会慢慢变成一片低地。那边有12公顷很肥沃的黑土地。你到哪里能找到这样好的土地？山坡在正南方，对着太阳。正是大自然把这块地分给葡萄园的。如果在这块土地插上葡萄藤，我们这座城市的每个居民每年都可以得到100千克的葡萄。为了在我们这座城市里不花什么钱就建起一个葡萄园，每个成年人都应该每年来这里劳动两天。这似乎很容易，但暂时还不可能。手为从事这项劳动已做好了准备，但心灵尚未为此做好准备，并非每个人都具有很高的社会义务意识，并非每个人都把为社会谋利益的劳动看作自己神圣的职责。

我常常回想起他的这席话。

如何培养人去从事真正的共产主义的劳动？没有共产主义的极大丰富的物质，就不可能有这样的新社会，那么，如何挖开产生丰富物质的源泉呢？

在我们的国家，创造精神财富的同时物质财富将得到增加。精神谦卑、兴趣贫乏的人是不可能接近马克思所说的物质财富的源泉的：他们可能会因贪婪而呛水，自己沉了下去，还把其他人一起拖下水。最重要的精神财富，要与功率强大的水电站和自动化生产线，与辉煌的宫殿和剧院，与宇宙火箭，与丰富的食品、漂亮的住宅同时创造。这种精神财富就是每个人全身心地热爱劳动，热爱劳动不是为了谋求物质利益，而是为了心灵的升华。到了那个时候，创造的世界、理想的世界就在每个人面前敞开了大门。对为社会谋福利的劳动的需求，将变成最强烈的需求之一。

每个人在生活中应该有比舒适的住宅、名牌服装、丰盛的饮食宝贵得多的追求。高尚的生活目标是最好的抗毒剂，它能抵制低级的贪婪成性的趣味，能防止人拜倒在财富面前。

我们应该在每个人的心灵中激发起一种理想，这种理想应能成为他的指路明星，成为他追求的火花。但愿多一些幻想家，多一些浪漫主义者，多一些怪人，这些人的理想常常让芸芸众生吃惊。

在我们社会主义社会的生活中已经有成千上万的人，对于他们来说，生活的幸福就在于他们用自己的双手为其他人、为子孙后代的幸福创造美。

少年时代和青年时代是幻想的时期，是浪漫冲动的时期，向往未知的、未经历过的东西。如果少年在自己的小鱼缸的每滴水中看到了远方大海的汹涌波涛，在小鱼身上看到了应该去发现、研究和了解的稀奇古怪的动物，在自制的天文望远镜中看到了宏伟的天文站，有人正在这样的天文站中如饥似渴地观测宇宙中遥远的角落。

这就表明，他与土地和生活紧密地联系在一起了，因为崇高的理想是我们生活的主要特点。请珍惜和爱护他的理想，把他的理想看成世界上最珍贵的东西。

人的"草稿"

K.丘科夫斯基十分形象地描绘了儿童复杂的精神世界。当我第一次读到"草稿"这个词时，我想起了几个卓越的、永远也不能忘怀的人的命运，他们贯穿了我的生活，在我的生活中留下了深深的痕迹。人的命运的复杂性在于有时候是悲剧性的，"草稿"常常具有独特的个人天赋——鲜明的才能、天赋、爱好、禀赋，而那个负有加工并修饰第一稿的使命的人，有时候却反其道而行之：他用自己的不灵巧的、没有热情的双手把美好的东西变得丑陋了。

儿童只有在为了崇高的目的全神贯注地、心驰神往地从事创造性劳动时，"草稿"才能变成美丽的诗篇。如果没有这种劳动，卓越的天赋就可能完全得不到开发，或者变得畸形，人身上所有的鲜明的、出类拔萃的、独具风格的个性慢慢衰退，且染上积重难返的不良习惯，或者变成毫无特色的、死气沉沉的。我们在生活中遇到过多少没有任何个性特点的、没有自己面目的人啊！这样的人的存在，是他们在生命中的童年和少年时代没有从事过令他们向往的、使他们入迷以致达到忘我程度的劳动而造成的悲惨的后果。

在共产主义社会中不应有任何一个不具有鲜明的独创能力的人。现在，在提出建设和巩固共产主义的物质、技术基础的任务的同时，被推到第一位的任务是形成新人的精神面貌，劳动的教育作用被无比地提高了。游手好闲，这是不道德品质的最鲜明的表现。儿童生活中的劳动，应该从他逐渐表现出个人天赋、个人兴趣的那一时刻开始。

什么样的劳动才是具有高尚道德品质的劳动？体现社会的和道德进步的最高尚的思想，儿童可以懂一些，但要让他真正懂得这一思想，就应让他的心灵去感悟周围世界的现象，重要的是让他体验劳动的意义。英雄主义，在我们这样的条件下，不仅是一种热潮、顽强和勤奋，它同时还是技能、知识、高度的文化修养、先进的技术及其推陈出新。当前最重要的教育任务就在于要把普通的日常劳动的英雄主义渗透到每个苏联人的心中。当儿童为自己所取得的成绩感到自豪时，当他体验到激动人心的欢乐时，除了自己所喜爱的事情，所有其他事情都被他置之脑后，于是，他也就逐步明白了劳动的崇高道德意义。当儿童热衷于劳动而达到忘我的程度，当劳动使儿童高兴不是因为可以得到利益、好处和特权，而是因为他在劳动，在工作；只有在这样的条件下，儿童的劳动才能达到共产主义道德水准。儿童在劳动中找到幸福，这才是共产主义觉悟的最重要的源泉。如果教育者能吸引儿童参加有利于发展其个人爱好、天赋才能的劳动，我可以满怀信心地说，在"人的草稿"中一切最好的东西都能达到自我的完善。

但是，儿童受到的影响是各种各样的，有时是相互抵触的，往往是与共产主义教育的目标和任务背道而驰的。最坏的、会扭曲儿童身上好的禀赋的影响，就是劳动的动机是有损人格的卑鄙的目的。在这方面有过错的往往是那些还处于私有制道德残余控制之下的家长。我在多年的学校工作中常常看到那些卑鄙的劳动动机如何扭曲儿童的意识。在这样的情况下，不得不为道德动机的纯洁、为真正的美和劳动的人道主义、为人的个性的自由发展而展开长期的、有时是不屈不挠的斗争。这种斗争是很复杂的，它已超出了学校的范围。如果你已开始了这样的斗争，你就不仅是一名教师，还是一名积极的社会工作者。你教育的不仅是儿童，往往还教育他的父母。从使儿童的心灵摆脱一切夹带进他的劳动中的、夹带进他的全部生活中的肮脏的、被污染了的东西的时候起，这个长期的教育过程就开始了。我总是在儿童积极的天赋的基础上尽量使他在童年和少年时代就在劳动过程中找到快乐，并因此逐渐认识到，他应该走怎样的劳动生活的道路才能成为幸福的人。

米佳来到我们学校时，他已是一个8岁的男孩。在该上学的前一年，他病了。我们以为会见到一个娇生惯养的、被宠坏了的男孩（他是父母的独生子）；对于为一年级学生规定的劳动，我们以为他还未做好准备。但我们的担心是多余的。米佳的手、目测力、熟练技能的发展，大大超过了他的同龄人。开学后一星期，我们去森林游览。孩子们为制作植物标本集收集树叶和种子。我做了几个小的纸口袋，并告诉米佳把树叶和种子放进口袋里。米佳仔细地把树叶分成几类，但他不喜欢这些纸口袋，于是决定重新做。我欣赏他的工作，他的工作做得那么细致，那么优雅。

"你在哪里学会做这么好的纸口袋的？"我问。

原来男孩大概从 5 岁起就参加劳动了，在漫长的秋季和冬季的夜晚，他帮助母亲把各种鲜花的种子分放进小口袋里，这些花大部分种在院子里，家里人还专门为收集种子划出了两畦地种花。"妈妈把花种拿到集市上卖，"男孩自豪地叙说着自己的故事，"我们用卖种子的钱买了一头奶牛和三头猪。花不能当饭吃。我也帮母亲卖种子。我会数钱，能数到 100 卢布。"

他一边说，一边手上分秒不停地裁着纸，做着小口袋。某种不是小孩应有的精明以及手的灵巧动作，使我震惊。他的技能达到了自动化的程度，这个小男孩做了数千只口袋。这些口袋虽然美丽，但由于做口袋的人在工作时毫无热情，于是，口袋的美丽是枯燥的、单调的。

把收集到的所有东西放好后，我们来到了森林的深处。隐约可见的小路掩映在秋天鲜艳的花朵中。孩子们高声欢呼以表达自己的赞美，每个人都想采摘一束美丽的花。米佳不仅知道秋花的名称（但许多孩子对此一无所知），而且忘我地、真诚地为每种新的色彩高兴，为意外出现的各种花的搭配雀跃。男孩做口袋的那一刻让我的忧伤的机械的动作不见了。孩子在赞美大自然的美。这就是说，被母亲和父亲看作财源的花朵，对他来说意味着一种比将会到手的卢布更重要的东西。看来，对大自然的细腻情感和追求劳动技艺的热情，正是那种"草稿"的美，但这种美很难得到发展，并很容易在这个人身上扭曲。

　　在更深入了解了男孩的家庭之后,我确信父母尤其是祖父和祖母在追逐蝇头小利、发家致富的气氛中对孩子进行教育。这个男孩长久地观望着他们,就像蜜蜂坐在花朵上,采集着花粉,吸出花蜜。他有许许多多的问题:为什么有些花到了秋天就谢了,而有些花却在秋天怒放?为什么蜜蜂在好多花的上方盘旋,却只坐在其中的一朵花上面?为什么秋天在樱桃的一根细枝上会开出花来?他想折下樱桃的一条小嫩枝,把它插在水里——在房间里的樱桃树会开花吗?但妈妈用严肃的训诫制止了儿童的冲动:"蜜蜂知道它应该飞到哪里去,而你,该干什么干什么去:去把已熟了的花朵上的种子取下来,把种子放在小口袋里……看仔细点,一颗种子也不能掉在地上。每颗种子,可都是钱啊。别想着折树枝,应该爱护树,每朵花都是果实,可以把这些果实晒干,也可以熬成果酱,还可以出售它们。"

　　米佳开始干活了。求知精神的火焰在他的眼睛中熄灭了,单调的、令人厌倦的动作让他的手变麻木了。他已不在意蜜蜂金黄色的小翅膀。他的所有的机敏、灵巧都用来尽快地从荚里剥出种子来。工作终于结束了,母亲慷慨地奖励男孩,给他吃芳香的蜂蜜。"你是值得款待的。"她说。

　　爷爷去养蜂场,打开了蜂箱。小男孩想看一看蜜蜂的这个隐藏着多少神秘东西的神奇世界。但老头儿不让他靠近蜂箱,他给小男孩找了件活。男孩切开西瓜,把切开的瓜放在养蜂场周围,蜜蜂坐在琥珀色的果汁上面,把果汁带回蜂箱中,把它加工成了蜂蜜。米佳必须日复一日地做同样的事情：收拾已干硬的瓜皮，切开新的西瓜。爷爷每天打开蜂箱都很高兴，因为西瓜汁变成了蜂蜜。小男孩知道这种蜂蜜的品质不好，是为了出售而专门制造的。爷爷把这些蜂蜜从蜂房中吸出来，在没有颜色的液体中添加了某种褐色的汁液。

"为什么要加这种汁液？"米佳问。

"应该这样。"爷爷回答。但他尽量偷偷地这样做，小男孩感觉到正在发生某种不道德的事情。

在家里的果园中，米佳的父母亲有10株葡萄。小男孩看到，一串串白色的芬芳的葡萄正在成熟。但这些葡萄都已经登记在册，一颗都不许摘下来。米佳听到母亲和父亲是怎样算账的，他们想把这些葡萄卖多少钱。母亲把三大篮子的葡萄运进了城，还把小男孩一起带进了城。他帮助母亲卖葡萄，还偷偷地、在母亲没有发现的情况下摘下几颗葡萄放进嘴里。

秋天来了，父亲叫儿子去葡萄园，米佳帮他割葡萄插条。

"为什么我们要割下这些树枝？"男孩问。

"这不是树枝，是插条，"父亲回答，"春天我们把它们插到土里，它们就能长成苗木。每棵苗木拿到市场上就可以卖1卢布。"

小男孩开始计算：100株苗木将是多少钱啊！他问父亲："我种500棵苗木，我们可以得多少钱？"

"你自己算吧，你已经是小学生了。"

人身上最美好的东西在我的眼前扭捏作态，变得丑陋不堪。这些最美好的东西是：对周围世界的生动的、率真的兴趣，儿童所表现出来的对周围世界的秘密和对人类劳动、技艺的纯洁的与天真的惊讶。

为了不让心灵富有朝气的热情熄灭，不让我们在学校里给予孩子们的技能和技巧屈从于冷冰冰的、麻木不仁的精于算计和钻营渔利，我们该做些什么呢？难道我能够心平气和地看着米佳这样一个心灵手巧的孩子去制作一个大瓶子，让他的母亲把苹果装在瓶里拿到市场上去卖？别出心裁的雕刻品吸引着顾客，货物很快就卖出去了。

米佳离开学校时可能会成为一个有灵巧的双手但灵魂阴暗的人。发财的欲望就像毒药一样毒害了他的灵魂，怎样才能遏制他的这种欲望呢？我认为唯一的办法是用某些事情去吸引他，去激发他心中无私的快乐。当他热衷于他所喜爱的劳动时，他的心中会充满这样的快乐，这是一种激动人心的快乐，与这种劳动能使他得到什么样的报酬毫无关系。

在那个秋天，学校在小暖房中开始了有趣的实验工作，这个小暖房在夏季就已装备好了。这是一间很小的在教学楼南面的房间，晴天时房间里洒满阳光，阴天时用灯光加温。学生们把肥沃的泥土带到这里来，准备在这些土中栽种能结果实的树。小男孩们也饶有兴味地参加了实验工作。阳光实验室这一名称就足以引起他们的兴趣。孩子们就是这样称呼这个小暖房的。年龄较大的学生在实验室中所做的许多事情，是在父母宅院里通过亲身的劳动体验学会的。但吸引他们到这里来的不是劳动活动本身（如给植物浇水），而是农业实验在人的面前揭示的那种不同寻常的、鲜明的创造性。例如，就像传说一样，在学校中人们口口相传一条消息：在阳光实验室中，柠檬树的幼芽嫁接到苗木上后，应在新环境中习惯一下，但不是像通常所做的那样让 10 厘米的幼芽习惯两个月，而是两个星期。

在一个阴雨的秋日，我问一群男孩："谁今天想去阳光实验室？"当然，许多人想去，但让我激动的是他们中间有米佳。

两名实验员为我们的来访做准备，她们是十年级的学生。她们向小男孩们演示如何把人工栽培的柠檬幼芽嫁接到苗木上，她们告诉小男孩们如何种植这棵植物，不仅给它施肥、浇水，还要给它提供二氧化碳。在长着柠檬苗的瓦罐的旁边，孩子们看到了葡萄插条。实验员说，这些插条过两天就要插了，再过一年半就可以结出一串串的葡萄。

我的小男孩们的眼睛发亮了，因为允许他们进实验室这一件事就能让他们感到幸福，而现在不仅邀请他们每天来阳光实验室，而且邀请他们当实验员的助手。这里还有为他们准备的小工作服，孩子们欣喜若狂。

点亮了新的灯泡，房间里变热了。实验员邀请孩子们明天再来——明天将尝试使用喷水头，以提高空气中的湿度。第二天，小男孩们看到，阳光实验室中是怎样雾气弥漫的，水汽在叶子上凝成了水滴并立即蒸发了。实验员向孩子们解释，在充满了水汽的温暖的空气中，植物生长得特别快。"你们明天来，就会看到嫁接的柠檬的第一棵幼芽是怎样变绿的。"

孩子们按捺不住了，不仅在课后，而且在课间休息时也往实验室跑。第一批长出的幼芽让他们兴奋不已，就像杰出的发现让学者惊喜一样。孩子们觉得，柠檬不是一天天地长大，而是一小时一小时地长大。我发现米佳具有非同寻常的观察力：他能每天发现叶子上微小的新特点、颜色上的新色调。更让我高兴的是，他的观察不是冷冰冰的、偏重理性的，而是热情饱满的、急切的、忘我的。他兴高采烈地告诉我柠檬树是怎样生长的。

米佳越来越喜欢劳动。他想自己来做嫁接和培植柠檬树。这个小男孩的天赋帮助他很快地掌握了对他来说是新的工作，他很快就适应了工作，树苗长出了苗壮的幼芽。米佳欣赏着自己的柠檬树。

让我高兴的事还有，小男孩从家里的劳动中也找到了在阳光实验室和学校的实验园获得的那种认知的乐趣。父母利用每株葡萄苗、每颗葡萄来发财的愿望，他的心灵已不能接受了。

父亲仍在地里尽可能多地插上嫩枝，因为每根枝条对他来说首先是钱。米佳看到少年植物栽培学家小组是怎样插条的，他就对父亲说："枝条插得越稀，它们的根就长得越好，葡萄藤也就会少生病。""但它们不是永远长在我们的地里，"父亲反驳道，"下一个春天就把它们卖了。只要苗活了，管它根不根的——难道这重要吗？"

米佳疑惑地听着这些话，他觉得他不能理解父亲。而让父亲感到奇怪的是，男孩对家庭的利益无动于衷。他不像以前那样待在父母的宅院里，而是跑到学校里去。男孩还兴趣盎然地照料着几株玉米、学校的试验田上已成活的葡萄苗以及阳台上的几株葡萄。他想让他栽培的植物能与众不同。

夏天过去了。在学校的试验田上我们为最小的小组组员（低年级学生）盖起了一间小屋。几个少年植物栽培师似乎从不回家：天刚亮，小屋（他们称为绿色实验室）中就响起了他们响亮的嗓音。

米佳就在这些小男孩中间。他们把游戏带进了自己的劳动中，还展开了热烈的、有趣的竞赛。每个少年植物栽培师都要种两三棵向日葵，每个人都想让自己的向日葵长得最粗大。孩子们带来了肥料，每天都要测量自己的向日葵茎的直径。

有一天在日出之前，我来到了学校的试验田。米佳在工作，他没有发现我。他正给自己的植物松土。工作结束之后，他去看了看其他小组成员负责照料的植物。他看到其他同学的地在不久前的一场雨后板结了，这种情况与他自己的这块经过精心修整的地的表面一比较所产生的巨大反差让小男孩大吃一惊。他皱了皱眉头，着手工作了起来，不时地打量自己的劳动成果。一个半小时之后，整个技术作物试验小区看上去就像是他的一块不大的地。

在阳光实验室栽种了葡萄，其中一株在冬天开始结果了。对于孩子们来说，这是多么令人高兴的事啊！而对于我来说，这是双倍的快乐，因为这株葡萄是由米佳照料的。

春天，米佳的父母重新核算了从家里的苗圃挖出的准备拿到市场上出售的枝条。它们有500多根。米佳不得不帮助他。但在集市日的前一天下起了雨，父母推迟了行程。就在这些天发生了一件在米佳的心灵中打上了深深烙印的事情。同学们来米佳家里时他的父母不在家。他给同学们看了准备出售的枝条。孩子们很喜欢这些枝条。米佳就给他们每人送几根。村子里就传说男孩在分发枝条。一些成年人来到米佳父母的宅院里。男孩不拒绝任何人，相反，他为能为别人效劳而感到自豪。

傍晚时父母回来了，这时只剩下13根枝条，其余的都送人了。

惊呆了的父母搞不懂，为什么儿子会无偿地贡献出预示着一大笔收入的东西。他们认为儿子的行为是愚蠢的、不可思议的败家子行为。但父亲、母亲和爷爷都不好意思斥责米佳，因为农庄庄员、生产队长都到家里来感谢给了他们这么好的枝条，都夸奖米佳。这些夸奖在孩子心中的分量，比父母无言的不满要重得多。

男孩（这时他已读四年级了）决定建一个葡萄苗圃——专门用来把枝条分送给众人。在少年自然科学家小组中，他找到了志同道合者。孩子们希望在每个院子里，有绿色的葡萄叶和一串串黄色的葡萄。

他们建了两个苗圃，一个在家里，在米佳家的宅院里，另一个在学校里。许多庄员知道了孩子们的这个好倡议之后都来帮助他们。为了建设苗圃，米佳不仅拿了学校里的，还拿了家里葡萄园中的枝条。父母对此置之不理。

学校的苗圃逐渐变成社会公有。我看到，孩子们是多么高兴能让成人与他们一起劳动。这样的劳动有点像过节一样。

阳光实验室的工作范围扩大了，其社会公益和实验的性质更深化了。耐寒的葡萄品种结出第一批果实，在阳台上成熟的一串串葡萄，所有的人都看得见，成人夸奖他们的劳动，男孩们为此感到自豪。他们又萌生了新的想法：栽培尽可能多的耐寒品种的葡萄枝条，把它们送给集体农庄的庄员们。他们准备了几十根插条，把它们保存到下一个春天，并把它们种到了苗圃里。

还有一项工作引起了少年自然科学家们的兴趣，这项工作就是照料蜜蜂。学校养蜂场进行了几年的实验，已得出了结论：在有许多野草和灌木的自然环境中，蜜蜂任何时候都不会生病，它们甚至可以在露天过冬。我成功地激发了孩子们对蜜蜂生活的兴趣。我们花了好几天的时间去田野、草地和森林，在集体农庄的养蜂场观察蜜蜂的行为。孩子们有一个目的，就是搞清野草中的哪些花含有我们已知的、能为蜜蜂治病的物质。

我们第一次去植物世界游览时就有了奇妙的发现。我们看到，所有的蜜蜂，不管它们在哪里采蜜，都在寻找某几种野草。这些野草中位于第一位的是在我们这里被当作莠草的一种植物——零陵香。难道它能为蜜蜂治病？这一想法促使我们力图用自己的知识造福于人民。

孩子们收集了零陵香的种子，把它们种在学校养蜂场的周围。当他们看到零陵香的花朵不仅吸引了学校养蜂场的蜜蜂，还吸引了其他养蜂场的蜜蜂时，当他们得知小蜜蜂的数量比去年增加了两倍时，他们是多么高兴啊！这就是说，零陵香含有某种对蜜蜂的机体产生有利影响的物质。

秋天我们收集了几千克零陵香的种子（所有的少先队员都来帮助我们），然后把它们转交给了农庄的农艺师。

当米佳长成 13 岁少年时，与农业技师维克托·彼得罗维奇交上了朋友，这是一位如痴如醉地迷恋植物的天才育种家，一个自学成才的人。维克托·彼得罗维奇筛选并培育出本地的春小麦品种，这个品种的特点是具有很强的耐旱性。在谷物成熟时期，维克托·彼得罗维奇观察了一块又一块地，好几个星期没回家过夜，一昼夜要走 100 公里的路。在数百万颗麦穗中，他找到了这样的一个品种：

尽管存在烈日当空以及其他种种不利条件，这些麦穗依然灌满了浆，颗粒饱满。"每块庄稼地里都有这样的麦穗，"他对少先队员们说，"大自然制造了神奇的创造物。我们要善于发现它们，善于阅读大自然这本书。"农业技师的话把米佳迷住了，他成了维克托·彼得罗维奇的试验田的常客，这块试验田位于一个荒芜的小山沟里。维克托·彼得罗维奇给男孩看了他称为"理想"的春小麦。他小心翼翼地培植这种小麦，已第3年了，这是他跋涉无数公里才从家乡70多个村庄中找到的那片麦穗中培植出来的。

米佳请求维克托·彼得罗维奇带他去即将收割的庄稼地。这次出行的目的是寻找耐旱的春小麦、大麦和冬小麦品种。

远行持续了两个星期。维克托·彼得罗维奇和米佳到过数百块地，走遍了45个集体农庄的所有耕地。鼓舞他们的是这样一个理想：找到大自然创造的并等待着人的巧手的黄金般的麦穗。米佳的肩上挂着几十个小口袋，里面装着所有值得注意的东西。但能让他们真正高兴的发现直到第5天才出现。在邻近农庄的一个山坡上，他们找到了一块不大的地，上面种满了大麦。在烈日的炙烤下，庄稼几乎都死了。在细细的茎上垂着已干枯的半空的麦穗。但在它们中间却有一个饱满的、闪耀着琥珀般黄色的麦穗。

"美人！"米佳惊叹起来。

"好吧，就叫它'美人'，"维克托·彼得罗维奇说，"它是你的第一个发现。祝你幸福和成功！"

冬天的夜晚，米佳多次去看望自己的麦穗。维克托·彼得罗维奇建议男孩不要打下麦粒。维克托·彼得罗维奇有自己的打算和猜测，他深信，这些在成熟麦穗上的麦粒还在继续生长。

多雨的春天来临了。阳光实验室、绿色实验室、苗圃和温室有许许多多让米佳操心的事，现在又多了一件。他必须千方百计地保存好"美人"的全部种子，这不仅是为了从每颗麦粒中尽可能多地培育出后代，而且是为了发展大自然培育出的优秀品种。维克托·彼得罗维奇让男孩深信不疑这株与众不同的新奇植物一定能再次出现某种新的东西，必须仔细地观察它的每个穗。

男孩筑了一个小畦，种下了大麦的种子。这些种子芽发得很好。这个春天米佳的全部兴趣就是这个理想：给人们一种能顽强地抗旱的植物。这个少年在理想的极大鼓舞下照料着植物；他的理想感染了许多男孩，他们帮助他栽培大麦，照料葡萄和其他果树。

到了收割大麦的时候，他们一小穗一小穗地收集。米佳仔细地观察和研究每个穗，寻找维克托·彼得罗维奇所说的必然应该出现的那个新东西。所有的麦穗都颗粒饱满，让米佳想起了玉米棒子。当称量颗粒的重量时，结果让小组组员们惊呆了：按公顷换算得出，大麦的产量是每公顷1万多千克。这样的麦粒任何人未曾见过。它比所有已知的品种大1倍。

高尚的探索让米佳的少年时代光彩焕发。大自然用慷慨的馈赠奖励了他的劳动：耐寒的葡萄成熟了，柠檬的果实黄了，在杏树的枝条上结出了大桃子。但最吸引少年的是播撒了人工培育的种子的试验田。除了一年年变得越来越漂亮的"美人"，试验田上还出现了饱满的麦穗、硕大的玉米棒子、圆圆大大的向日葵。

离走上独立劳动生活的道路的日子越来越近了。米佳远远地看到了这条道路,他早就渴望走上这条路。在他的想象中,将来是快乐的、幸福的,从事为人民的创造性劳动。在学校的随后两年的学习期间,他研究了拖拉机和其他农业机械。从学校毕业后他去拖拉机生产队工作,成了一名优秀的机械师和实验者。当一名睿智的、耐心细致地工作的育种师成为他一生的追求。

一个真正的人——共产主义社会的建设者,就是这样形成的。

回想米佳为了走上正路而走过的艰难道路,我想:遇到一个优秀的人,对一个孩子的命运具有多么巨大的意义啊!让所有强烈地热爱自己的劳动的成年劳动者,让我们社会的先进人士,对于正在被人拖进私有制风气和习惯的泥潭中的未成年人绝不置若罔闻和不管不顾,这是多么地重要啊!

像维克托·彼得罗维奇这样的人,我们的社会有成千上万。让他们每位都成为教育者吧!让我们传授给年轻一代的不仅有灵巧的双手所需要的技能,还要用自己高尚的心灵影响他们。

共产主义理想拥有巨大的吸引力,为实现共产主义理想而奋斗,实际上就是为每个人的幸福而奋斗。现在,教育最重要的意义就在于此。我们不仅应该把每个儿童培养成能干的劳动者,而且还要赋予他们独特的个别性、独一无二的创造的幸福,以及丰富的、有血有肉的精神生活的幸福。世界上有多少人,通向伟大的共产主义幸福的小路就有多少条,因为每条小路都不可避免地要依据每个人独具风格的天赋、能力和才华。

在为社会、为将来创造物质财富的过程中,无私的共产主义劳动、创造能力的竞赛,是新人生活重要的道德动机。对每个人而言,崇高的共产主义思想，是在与个人的爱好、天赋、追求相一致的、生动鲜明的直观世界中揭示的。

每个"人的草稿"，应该唱响热情的、明快的诗篇，闪耀着个人才华的独特光辉。

冷漠——心灵的麻醉剂

在我们的学校里,一个优秀的少先队组织——少年自然保护者委员会,已连续地工作了好几年。孩子们分小队或小组来到田野和森林里、草地上和池塘边,敏锐地观察有没有什么人想要伤害绿色的朋友、森林和花园里有没有出现害虫、在鱼的产卵期有没有偷猎者潜入草木丛生的河岸企图捕鱼、远处什么地方是否响起了枪声、绿草是否被云雀或野鸭的鲜血染红?这样的巡视常常是有必要的,少先队员们气呼呼地、懊恼地、激动地走到比自己年长的同学面前,及时地制止了某些事情,或者在最坏的情况下搞清楚了一些事情的真相。

我想起了一件事。在一个安静的春天的夜晚,蓝天上不时地出现一团团像鸭子和大雁那样的云彩。我在学校里与一位低年级班的女教师交谈。突然,我们听到了男孩们的急促的脚步声和响亮的、惊恐的喊叫声。

"这是我们的侦察员和自然保护者巡视回来了。"这位教师说。在她的话语中,我捕捉到了无恶意的宽容,她就好像在说孩子们的一场游戏。

她猜对了。4个男孩快步地走进了教师办公室,他们是拉里莎·斯捷潘诺夫娜的学生。他们气喘吁吁地说道:"野鸭……他们打死了许多野鸭……"廖尼亚的声音有点嘶哑。他是战斗性最强的自然保护者之一,干过许多孩子气的淘气事情,他也是少年技师课外兴趣小组领导人所喜欢的孩子。"但现在他们不能再开枪了。让他们去找自己的步枪和子弹吧。"

"还有甘油炸药。他们还有甘油炸药。他们把鱼震昏了。"萨沙打断了他。这个男孩有很强的观察力,能够把注意力集中于任何一件事情上。

在这样的情况下是不可以打断孩子们的。最好的办法是安静地聆听他们你一言我一语的、前后不连贯的、急促的叙述。我们听着并随声附和,努力去抓住事情的主线。女教师想让其中的一个男孩说话,但我劝她不要这样做,因为我们应该了解发生了什么事情,更重要还要看到孩子们如何对待这件事情。最终一切都明白了。正是因为这样,虽然孩子们在讲述时情绪很激动,但我们还是搞清楚了错综复杂的情况,并且避免了女教师差点儿就犯的错误。

事情是这样的。男孩子们走到了一个离村子3千米远的大池塘边。一条小河,第聂伯河的一条支流,流经草地,与池塘连接起来,形成了一个湖泊。在绿色的草丛中路过的大雁群分散在这里过夜。就在岸边,孩子们看到了偷猎者:在一堆干草上躺着一个猎人。在他的周围有3支双筒枪、3包子弹和许多被打死的大雁。远处，在湖的对岸，看到了一条船，船上有两个睡着了的同伴。孩子们猜测，他们晚上在那里撒网捕鱼。

孩子们走近熟睡的人身边，闻到了浓郁的酒气。他们拿走了双筒枪、子弹，还从口袋中拿走了一包很重的东西（后来知道那是用来震鱼的甘油炸药），然后把所有东西转移到了草木丛生的森林中。

他们开始想把枪、子弹和炸药藏起来，后来又决定把东西沉到湖底。

他们的使命似乎到此可以结束了。但是少年自然保护者们抑制不住自己的淘气。完全不出预料，他们收集了满满几口袋子弹"以防万一"。在离睡着了的偷猎者20米处（廖尼亚以少先队员的名义保证，不少于20米）堆起了一大堆芦苇并点燃了它。

我好不容易忍住了笑，问孩子们："你们到底为什么要点篝火呢？要知道，芦苇现在还是潮湿的……"

孩子们笑了起来。从他们的忸怩不安中我明白了一切没说出来的事情。（关于子弹，孩子们当然什么也没说，在孩子们突然不好意思起来之后，在口袋里金属物品轻微的撞击声传到我的耳朵里之后，这个故事发生的地点就很清楚了。）

我明白了，顽皮的孩子是故意这样安排的，他们要潮湿的芦苇……他们把几颗子弹扔在了篝火里。

我们走近了，开着窗户聆听，还清晰地看到远处的一柱烟。显然火焰还没有烧到子弹，但随时有发生爆炸的可能。

"你们放了几颗子弹？"我尽量让自己的声音听上去严肃一点。

拉里莎·斯捷潘诺夫娜脸色苍白。

"10颗子弹，"廖尼亚轻声地回答，"但他们打了大雁。"他补充说，用哀求的目光看了看女教师。在这一刻响起了沉闷的、轻微的爆炸声。

拉里莎·斯捷潘诺夫娜气恼地责备孩子们：

"瞧瞧你们都干了些什么！"她说，"这不是无赖行为吗！难道可以这样保护自然吗？你们应该去村委会，或者起码应该到学校去申明你们犯了法。"

孩子们倒腾着两只脚，心里犯着嘀咕。廖尼亚在讲到他们看到了那么多的死雁时，眼中燃烧着令我欣喜的宝贵的愤懑的火花，此时这火花在他们的眼中熄灭了。是拉里莎·斯捷潘诺夫娜扑灭了这些火花。为什么廖尼亚，这个固执的、任性的、桀骜不驯的男孩不抗议，不来证明自己的正确？看来，这位女教师不是第一次扑灭纯洁的孩子心灵中高尚的情感的火花。不可以这样继续下去。应该进行干预，应该支持孩子们。

等拉里莎·斯捷潘诺夫娜不说话了，我就走到孩子们面前，握着他们的手说："孩子们，不管怎么说，你们是好样的。任何时候，只要你们看到犯罪、不公正、虚伪、欺骗，就要按照你们的良心、情感提示你们的那样去做。你们把武器扔到了湖底，这样做很好。让偷猎者去找吧。近来运来了太多的打猎武器：每只兔子可以摊上两支双筒枪，只多不少。但你们只有一件事做得不好：不应该拿子弹。怎么样，把子弹放到桌子上来吧！"

孩子们掏出了三十几发子弹。他们愉快地这样做，心满意足，因为他们的行为得到了鼓励。

孩子们走后，我请求拉里莎·斯捷潘诺夫娜原谅。

不这样做，我就不能说服她。我对她说：要想一想，您督促孩子们干了些什么。在您的劝告中有没有虚伪。如果孩子们遵照了您的劝告，他们大致上就应该这样行动：看到解下了腰带的偷猎者打死了大雁，所有人都仔细地看了看，记住了，甚至做了记录，然后向大人报告，让大人去处理，去追究偷猎者的责任。

如果孩子们按您建议的那样做了10次、20次，他们就会成为一个冷酷的、麻木不仁的、对所有事和所有人漠不关心的人。在他们的心里，所有的一切都服从冷冰冰的、毫无热情的理性。如果在他们的眼前发生违法行为，他们将会考虑对此应该表示愤怒还是不应该表示愤怒。人的美德遭到践踏。最终他们将学会从利益角度控制自己的情感：如果能决定他们的命运、决定他们前途的那个人喜欢他们在这个时候微笑，他们就会阿谀地微笑，尽管他们的意识可能告诉他们不应该微笑，而应该大声呼叫，请人来帮助。

这样的人是可怕的。他们在自己整个走狗般的生活中会干出成百上千件背叛的事来。

不久前，我不得已干预了这样一件事。在俱乐部旁边的一个黑暗的角落里站着一个姑娘和一个年轻人。年轻人强势地向姑娘要求着什么。然后他就骂她，羞辱她。她企图甩开他到俱乐部里去，他不让她走。一个12岁的少年从他们身旁走过。他听到了谩骂声，停下来想了一想，然后再次转过身走进了俱乐部。这就是那种人中的一个，这种人习惯让自己的每步行为都服从理智的严密控制。毋庸置疑，他会去警察局或者去找纠察，告诉他们有流氓，他甚至可能对"秩序的维护者"（他对警察和政权代表人的蔑称）的不尽职表示愤怒。

　　当我看到这个从我身旁走过的洋洋自得的少年冷漠的眼神时，我心中像打翻了五味瓶一样。我想走到这个少年的面前，当面愤怒地责备他。但他走了，而我把全部怒火发到仍在侮辱姑娘的那个年轻人身上。我认出了这个放肆的年轻人，他是3年前从我们学校毕业的。我不知道当时的我是什么模样，不知道我过去的学生从我的眼睛里看出了什么，但他脸上赤裸裸的放肆的表情慢慢地消失了，他有点儿瑟缩，缩起了脖子。猛然间我扬起手打了他一个嘴巴。他跑了。我自己变得不自在了，但羞耻感转瞬即逝。姑娘向我表示感谢，而我甚至没看她一眼。

　　理智告诉我不能动手打人，但我受情感的支配，没有聆听理智的声音，这样的行为对不对？我的心回答：这是对的。看来在生活中常常会有这样的情况，即情感的声音是最理智的，你的怒火、你的愤怒，能最好地证明你是正确的。为什么流氓可以这样可耻地跑了？要知道，他的力气可能比我的大。看来，这是因为我当时愤怒的情绪和行为对他来说，是我的正确性的最鲜明的证据。

　　当我听男孩子们讲述前后不连贯的解释时，我回想起了这一切。他们干得多好啊！他们的愤怒包含多么深刻的、纯洁的、高尚的情感！他们按照良心给他们的提示去做了，人的良心，就是关于真理的意识的情感。我坚信，孩子们的这个行动会在他们的整个一生中留下深深的痕迹。诸如此类的行动还有一些——他们将对周围世界、对善与恶、对正义和不公正非常敏感。

　　从根本上来说，年幼孩子的精神生活的特点是对影响情感的那些现象特别敏感。属于这样的现象有：一个人给其他人造成的悲伤、痛苦，在孩子看来是神圣不可侵犯的、坚不可摧的道德规范被破坏。我多次听到小孩子们——一、二年级的小学生们在叙述自己的同学或高年级同学的过错时激动的抱怨。他们的叙述更多的是诉说某某人干了不道德的事。这种行为的见证人不可以无动于衷，他们把自己的不满、愤怒告诉教师，与教师分担。认真地聆听这些小控诉人的诉说是多么重要啊！因为他们并不是要求惩罚过错者，即使在过错者干了不道德的事的情况下也是如此。他们向教师诉说是为了让教师与他共忧患。从我们成人的眼光来看有的恶事是不值一提的小事，但在孩子们那里，他们有自己的尺度，有自己衡量善恶的标准。成人不仅应该俯就孩子们的兴趣世界，还要深入了解儿童的思想，体验他们的情感，与他们共忧患。

　　真正的教育者懂得不给孩子火热的心灵泼冷水是多么地重要，懂得不让他的心灵最敏感的角落受伤，不让孩子成为冷漠的人是多么地重要。某些教师和少先队辅导员在这方面犯下了不可原谅的错误：他们认为孩子来告状只是希望让恶徒一定要受到惩罚，于是对孩子的抱怨置之不理，甚至企图说服他，让他相信某种过失在他看来是很大的恶，实际上是小事一件，是不值一提的。一件往事浮上了我的心头，一年级学生阿廖沙带了一支他哥哥给他做的木笛到学校里来。他一会儿按住一会儿放开钻在木笛上的孔，小男孩吹出了他熟悉的旋律。木笛不仅吸引了小男孩们，连高年级的男生也对它感兴趣。木笛从一只手传到了另一只手上,但碰到了一个淘气鬼——五年级的阿纳托利,他突发奇想要把木笛上的一个孔扩大一些。阿廖沙看到阿纳托利用小刀扩孔,就要求他把哥哥的宝贵礼物还给自己。阿纳托利扩了一个孔,但木笛上出现了裂纹。由于这个裂纹,现在木笛吹出的音发颤。

阿廖沙的同班同学跑到老师那里,争先恐后地告诉老师发生了什么事。阿廖沙哭着站在一边,手里握着木笛。最让这些控诉人气愤的是"阿纳托利弄坏了木笛却还洋洋得意"。阿廖沙皱着眉看了看老师,期待着女教师玛丽亚·伊万诺夫娜会激动起来,分担他的悲伤。但女教师冷漠地扫了一眼诉苦的学生们,而对阿廖沙,甚至看都不看。

"想想,这算什么痛苦。"她说。从她的声音里,孩子们听出了讽刺:"让哥哥再做一支笛子,不就得了。孩子们,不要拿你们的小事来蒙哄我。你们想出来各种各样解闷的事情太多了。最好还是上课吧。"

孩子们皱紧了眉头,有点儿瑟缩,垂下了眼睛。而阿廖沙转向了老师,睁大了眼睛看着老师,无声地哭了起来。教师最终看到了他的眼泪,她懊恼地皱着眉说:"好吧,我现在去找五年级班主任,要求惩罚阿纳托利……"

孩子们静静地在走廊上分手了。在他们心中,高尚的、火热的却比较微弱的火苗,被冷漠这种刺骨的冷风吹灭了。女教师回避了童心的真诚的激动,动摇了孩子们对他们在世界上最珍视的东西的信念,这种信念像指路明星那样照耀着他们的生活道路,这种信念就是对真理必胜的信念。

孩子们再次遇到不正当行为时,他们就不会对恶做出敏感的反应,火热的、热情的心声有可能被理智的、冰冷的、干巴巴的声音压倒:"值得注意它吗?反正我的干预无济于事,我一个人能干什么呢?"

对周围世界中的现象的冷漠,对其他人精神世界的冷漠,产生了利己主义和自私自利的行为。我深信,儿童利己主义的根源是情感的荒芜。通常一切都起始于孩子感到自己对恶无能为力之时,在他们感到恶是不可征服的时候。哪里有无能为力感,哪里就有孤独感。如果孩子把自己心灵的热情奉献给了其他人,如果他的心为善而高兴,因恶而气愤,那他就在任何时候都不会感到他是一个人在与错误孤军作战的。

懂得孩子的情感,就意味着懂得细腻的,有时是潜在的、不是一眼就能发现的其行为的动机和原因。更重要的是,不仅要懂得并考虑孩子的情感,还要发展并深化他的情感,使他的情感达到精细的程度,有了这样精细情感的孩子就不会不对善和恶做出反应。在能够涉及孩子对善与恶的敏感性的地方,每个成年人都能成为能干的、善于思索的教育者,因为儿童的生活就展示在我们的眼前,他们每天,甚至每小时,都会向我们提出许多问题,请求我们的帮助。

遗憾的是,许多成年人没有发现这些问题,也没有发现孩子要求帮助的请求。去年秋天有件事让我们学校所有的人都激动不已。一群少先队员——四年级学生,在农场的院子里干活儿,挑选要送到收购站去的玉米棒子。当第一辆车的车厢已装满了黄灿灿的玉米棒子时，有个成年人劝孩子们：

"上面应该放选出来的最好的玉米棒子。"

"为什么？"孩子们不解地问。

"为了确保能被收购。收购站要对玉米棒子进行检测，确定颗粒大小、水分含量。一般都是拿面上的玉米棒子送去检测。"

这个回答让孩子们大吃一惊。得知负责把玉米送到收购站去的生产队队员把放在面上的玉米棒子专门挑选了出来，孩子们更加惊奇。儿童敏感的心灵，被这种具有"组织性"的不公正刺伤了。

"他们为什么要这样做？"孩子们惊恐地问成人。

幸亏一些聪明的、关心孩子的成人——一位老共产党员和一位年轻的教师听到了孩子们的这个问题。他们派孩子们到那堆预定用作"装饰品"的玉米棒子前，10分钟之后这堆玉米棒子已经在车厢里了。

每个成人都应该懂得，进入儿童心灵的道德信念，只有对儿童做出诚实的、高尚的举动时，才可能控制儿童的思想和情感。道德不能游离于行为之外。请成为孩子们的榜样吧！这才能激发孩子们的行为美。

我想起了我们学校在同一天发生的两件事。这两件事清晰地、明确地揭示了对待孩子情感世界不同的甚至是矛盾的态度。

六（1）班学生加利娅要走了。她要去很远的西伯利亚。她有两个朋友：同班的奥利娅和六（2）班的尼娜。两个朋友都想去车站为加利娅送行，加利娅全家人都已在车站等车。尼娜向班主任请假，不上后两节课。老师不仅准了假，而且请她再次转达对加利娅的祝福，祝她在新的地方幸福。他还抽出了一点时间与尼娜交谈，交谈回忆了学校生活中快乐的日子和时光。尼娜的同班同学都围上来一起交谈。孩子们找到了一本书，在扉页上写下了几句温暖的、真诚的话，请尼娜把这本书转交给加利娅。尼娜去车站送行，她很激动，心中充满了温情，老师和同学们温暖的话语更加深了这种温情。

奥利娅不能去送朋友，因为班主任不允许。班主任是这样干巴巴地回答孩子的请假要求的："要告别多少次啊？在学校里告别过了，在家里也告别过了，现在又要跑到车站去。不去告别你的朋友也不会死的，你也会好好活着的。过一个月又会与其他女孩交上朋友的，加利娅也会为自己找到新朋友的……"

这席话让女孩子惊呆了，她不知道该说些什么。女孩尚不能理解老师所说的每个字包含的残酷、冷漠、伪善；她只是感到心在绞痛。尤其伤害她的是那些关于将友谊忘掉的话……"不，我永远不会忘记加利娅！"奥利娅想说，但她害怕严厉的女老师。

孩子在表达自己的情感时有可能犯错误。真正的教育者——老师和家长，要善于分析这种错误，不要对孩子的一些草率行为予以刨根究底的审查。他在对激发某种行为的高尚情感表现出尊重的同时，要与孩子一起去体验这种情感。如果孩子懂得这一点（如果不懂得，那么就一定要感觉到它），他就会向老师敞开自己心灵隐秘的角落，把自己的痛苦告诉他。如果教育者不共享孩子崇高的情感，不尊重孩子高尚的冲动，孩子就会恼怒，把自己封闭起来，在他的心中产生对老师的敌视态度。儿童的情感绝大部分是纯洁的、高尚的，由于对儿童的情感不尊重，儿童就开始疏远教育者，把自己封闭起来，常常令许多冷漠的老师诧异的那种执拗、任性也因此而产生。当您看到孩子做出故意让大人生气的事情，违背大人的要求，您就应该知道，孩子的情感被践踏了。

一天，一位激动的少先队辅导员在走廊上叫住了我。他拿五年级的格里沙毫无办法，格里沙同与自己关系亲密的同学沃洛佳打架，扯他的耳朵。学生们围住了这两个人。从他们激动的叫嚷中我明白了，他们所有人都站在格里沙一边。当我走近时，大家安静了下来，格里沙东张西望，看到我时就低下了头。

我总是尽量通过集体而不是通过肇事者搞清所发生的事情的原委，这一点很重要。听了孩子们所说的，我明白了是沃洛佳侮辱了格里沙的姐姐——年轻的集体农庄庄员、先进的养猪女工。我很清楚，沃洛佳非正义地侮辱了格里沙的姐姐。一切都很清楚，我的心中燃起了对沃洛佳行为的怒火。沃洛佳经常去格里沙的家，知道他姐姐的许多生活细节，他把这一切都告诉了自己的母亲，而他的母亲又对每件事添油加醋，造谣中伤。现在沃洛佳诋毁了自己的同学，愤怒的格里沙找到了捍卫自己家庭名誉的最有效的手段。

我完全忘了格里沙给了沃洛佳几个嘴巴。我的脑子里全然没有这一行为破坏了行为规则的想法。我走到了沃洛佳面前问他：

"你常去格里沙家？"

他不吭声，孩子们代他回答：

"常去，差不多每天都去。"

"这就是说，人家信任你，把某个秘密告诉你，你把它记在心里就为了把它转告给造谣生事者？难道说这就是同志关系？"

我的话得到了一片赞同声。我看到了格里沙信任的、坦诚的目光。现在可以数落他几句，因为他的意志不能战胜自己的手。

"而打架是不应该的，格里沙。沃洛佳脖子上有痂。他很痛。"

这些话听上去对沃洛佳深表同情，所有的人都安静下来了。同学们突然关注起他来，这让他感到不知所措，他喃喃地说：

"已经没有痂了，早就没了……"

他的话淹没在响亮的笑声中。

年幼孩子的心中充满着感受，这种感受控制着他们的思想。在情感的影响下，孩子准备着立即去行动。重要的是要让这种心灵的热情感染其他人，而不是让这种热情冷却下来，因为孩子的心灵才刚刚开始以其他人的快乐和悲哀为自己的快乐和悲哀；教育者的任务是要使道德情感成为深刻的、始终不渝的情感。在少年期和青年早期，如果心灵的热情没有用在高尚的行为上，没有感染其他人，那是很不好的。

幸福在人的自身

在教师集体中以及在家长会议上，我们常常谈到这样一个家庭，父亲是火车司机，母亲负责照顾孩子们，他们有3个女儿，13岁的索尼娅，9岁的斯韦特拉娜，6岁的卓娅。3个孩子惊人地相似。两个大一些的孩子在我们学校学习，索尼娅在六年级，斯韦塔①在三年级。卓娅有时候到我们这里来，请求老师允许她与她的一个姐姐一起坐在教室里。即使是最枯燥乏味的、最冷漠的人，如果他们的眼睛遇上了这些女孩的目光，也不能对她们不闻不问，她们是如此温柔地、诚挚地、友爱地对待世界，对待他人。

我常常陷入沉思：这个家庭是如何培养出这种卓越的品质（善良、对人的信任）的？当我担任六年级的班主任时，我饶有兴味地走访了女孩们的家。

---

① 斯韦塔，斯韦特拉娜的小名。——译者注

关于人的思考

父亲刚下班回来,母亲准备晚饭,女孩们帮妈妈干活,甚至卓娅也为自己找到了活。在与父亲交谈时,我听到了卓娅激动的声音,她说了一些关于苹果、小狗和邻居家男孩米沙的事情。父亲也开始听她说话,在听懂她讲的是什么后,我好不容易才忍住了笑。

原来是这样的。米沙是一个爱打架、爱惹事的8岁男孩,他每天都要到她们家院子里来打几次水。父亲在这口井上安装了电动压水机,他每天都从这口井里打水,把井里的水压到小桶中。这个男孩喜欢压水的过程——他喜欢打开和关上马达。但卓娅注意到米沙坐在井旁的板凳上,聚精会神地看着苹果树。她知道了男孩想吃苹果,就招呼他过来,为他摘下了几个成熟的苹果。后来米沙带着小狗波尔卡一起来打水。卓娅发现,当男孩打水的时候,小狗就跑到苹果树下,用嘴叼起两个苹果就回家了,然后又跑了回来……小男孩故意拖时间,好几次井水溢出了小桶,而在这段时间里波尔卡已来回跑了三四次。

说起这件奇怪的事情时,卓娅无法掩饰自己的惊叹。她向母亲和姐姐们提出了一连串问题:米沙是怎么教会波尔卡叼走苹果的?能不能也教教我们家的帕尔姆[①]?

母亲和孩子们一起开心地笑了。

斯韦特拉娜笑完后问卓娅:"你看到小狗叼走苹果时就只知道高兴?"

卓娅不好意思了。她甚至想都没想到要把小狗轰走。斯韦特拉

---

① 帕尔姆,小狗的名字。——译者注

娜继续说，但现在是对母亲说的：

"要是这样的话，所有的苹果都会被叼走的，我们就什么也留不下了。"我看到，当斯韦塔责备卓娅放纵米沙寻开心时，母亲的眉头皱了起来。

"得了，"母亲回答，"苹果很多。当然，米沙教小狗偷窃是很不好的，但不管怎样他是一个出色的男孩。训练动物是很不容易的事情。说不定他还能教会我们的帕尔姆什么呢！"

据索尼娅所说，米沙欣然同意驯服帕尔姆。男孩花了很多时间训练这条小狗，但这条小狗完全不像斯韦特拉娜保证的那样，而是理解能力很差。后来，小狗终于完成了要求它做的事。女孩们一清早就给了帕尔姆苹果（但它无论如何也叼不住两个苹果），并让它去米沙家。她们知道男孩睡在干草棚里，帕尔姆小心翼翼地把苹果放在他的鼻子下面。

在处理米沙和他的波尔卡的事件中，母亲的态度决定了什么样的情感在孩子们的心中占据上风：是赞叹米沙的聪明和耐心，还是担心损失了一点点苹果。

当女孩们对母亲说起她认识的或不认识的人做的好事或应受指责的事情时，她总是不仅听，还与孩子们一起感受喜怒哀乐。母亲和父亲教孩子们尊重其他人的劳动和情感。不管孩子做了什么，不管他对什么感兴趣，他的行动和行为都不应引起其他人的不安和不快。孩子们在刚开始有自主意识的生活时，就听到父亲对母亲激动地说，帮助犯错误的、迷失方向的人是每个人的义务。索尼娅一辈子都不会忘记，几年前当她还在读二年级时，父亲带了一个少年回家，这个少年因偷窃被判剥夺 3 年的自由。父亲当时是陪审员，他知道萨沙没有父母，也知道他毫不在乎自己的命运。父亲不仅坚持不把萨沙送进监狱，还为他做了担保。萨沙在他们家住了一年半，后来找到了工作，学习了电工技师专业。他们像送别亲人那样送他去西伯利亚的水电站，父亲和母亲叫他儿子，这个家庭为他感到骄傲。

为其他人的命运感到不安，深切的关心使人成为真正的人，这些情感女孩们在很小的时候就开始培养并扎下了根。在更深入地了解这位司机的家庭后，我更坚信这些情感是不能用任何语言来培养的；只有当孩子们看到了被人的热情所激发起的高尚的行为时，才会萌生这些情感。在这样的行为中，没有任何的装模作样，没有大吹大擂；女孩子的父母似乎还因自己的善良而感到不好意思。

索尼娅读完了六年级。少先队大队委员会任命她担任一年级的十月儿童小组的辅导员。我相信，当一个人成为其他人的教育者时，在关心人的气氛中培养出来的心灵的善良和温暖会以某种力量的方式展露出来。我永远不会忘记这个不可思议的小教育者，她善于找到适合每个孩子的亲切的、温暖的话语，孩子们倾心于她，告诉她自己的快乐和悲伤。

在她的队里有一个叫科利亚的男孩，他既淘气又邋遢。索尼娅几次要求男孩注意整理自己的衣服、练习本和教科书，但统统无济于事。有一次她到孩子们那里去，看到科利亚的练习本被墨水弄脏了，女孩气哭了。孩子们安慰她。对于不苛求孩子们的精神生活的人来说，这幅场景可能令他感到可笑，但这一情景深深地打动了我。

索尼娅的眼泪可能最终开辟了一条通向儿童心灵那个隐秘角落的小路，而在这条小路上躺着良心的尚未发芽的种子，她的眼泪让这些种子长出了幼芽。脸色苍白的科利亚坐在那里，眼睛死死地盯着某一点。同学们不理他，但他知道，他给别人带来了悲伤。

每当我看到成人，尤其是父亲，无论如何也找不到通向孩子心灵的道路，无法让孩子接受请求、忠告、要求时，这一事件就会闪现在我的眼前。我想给成人出个主意，如果您想让孩子听您的话，听从您的劝告，您就得亲自感受孩子的命运，为他的未来操心。您的关怀、您的操心，能让紧紧包裹住"不近人情"的孩子心灵的坚冰融化。

暑假开始了。已自然而然地习惯了与索尼娅在一起的孩子们，夏天也到学校里来。索尼娅和他们一起玩，带他们去森林，给他们读书、讲故事。当我要她放孩子们回家，哪怕是几天时，索尼娅不解地问："孩子们自己独处会怎么样呢？"

她无法想象，如果孩子们失去了在任何时候都能关心他们、帮助他们的人时，他们的生活会是什么样的。她的一个小朋友夏天时得了重病，做了手术，在医院里住了很长时间。索尼娅和孩子们每天都去医院，询问他的健康情况。有一天，孩子们带去了满满一桶的苹果，把它们分给病人们。

新学年开始了。现在是七年级学生的索尼娅在培养十月儿童小组的孩子们成为少先队员。

巨大的不幸却降临在这个幸福的、友爱的家庭。九月一个静悄悄的夜晚，父亲下班回家。在他工作的郊区，他听到了孩童的哭声，便折回到胡同，他看到烟从一间小屋子的窗户中冒出，就扑向正在燃烧的房子，救出了两个小孩。但屋子里还有一个小小孩，这时跑来救火的人们为了不让天花板坍塌，便拆屋顶。父亲再次跑进正在燃烧的房子时，天花板掉了下来，父亲和小女孩一起死了。

对于女孩们和母亲来说，这是一个可怕的打击。索尼娅感到妈妈是那样的无助，那些艰难的日日夜夜，要求她这位当大姐的具有非常坚强的意志。

安葬父亲之后，母亲病倒了，病了两个星期。料理家务、照顾生病的母亲、照看妹妹，所有的事情都落到了索尼娅的肩上。为了减轻她的负担，我们做了一切能做的事，索尼娅的同班女生帮助索尼娅做家务，教师和共青团组织给予这个家庭物质上的帮助，敦促有关方面尽快办好抚恤金发放的手续。

过了两个星期，母亲能起床了。她虽然恢复了体力，但理智没有恢复。她被送进了精神病医院，三年后在医院病逝。

从得知索尼娅母亲去世的那一刻起，教师们的心头始终萦绕着一个想法：这些女孩们该怎么办？怎样治愈她们心灵的创伤？听说她们有一个远房的亲戚，很快就要来带走卓娅。一想到姐妹们有可能不得不各奔东西，我们的心情就很沉重。

有一天晚上，索尼娅来找我，她很激动，很悲伤，原来是这位远房亲戚已经来了。

"我们要在一起，"女孩坚决地说，"任何人都不能把我们带到任何地方去。"索尼娅请求我帮助她摆脱不速之客。我们帮助了她：一天后亲戚走了，女孩们放心了。

除了亲情之外,把女孩们团结在一起的还有彼此崇高的义务感。这种义务感是由家长培养的,在学校中得到了巩固,这种义务感在索尼娅所热爱的工作中,即在关心年幼的同学中得到了发展。我们当教师的越清晰地认识到这一点,就越对怎样帮助女孩们渡过难关这一念头感到不安。要知道,她们当中年长的才14岁,最小的才刚上一年级,中间的一个正读四年级。保留并巩固这个奇妙的集体,成了我们的目标。

我们帮助女孩安排家务,尽量不让她们去为因年纪小而不能胜任的事情操劳。我们为她们准备了够用3年的燃料:不仅把木柴放到柴棚里,还把木柴劈好。整个教师集体为她们修缮了房子,努力做到让孩子们5年不用为修缮房子而操心。教会她们数钱和节约花钱。由于起初钱不够花,我们就给予了物质上的帮助,但尽量做到不伤害女孩们的自尊心。女教师轮流到她们家里去,教她们洗衣服、缝缝补补和做饭。

但女孩们的日子仍然过得不轻松。在人生的每步,她们都会遇到困难,如果母亲和父亲在世,这些困难都是不在话下的。索尼娅从来不诉苦,关于女孩们遇到的困难,有的是我们自己猜到的,有的是从卓娅那里知道的。

女孩们总是衣着整洁地来上学。索尼娅注意把衣服的领子洗得干干净净,把衣服熨平整,永远不让斯韦特拉娜的红领巾皱皱巴巴的。放学回来,女孩们就着手收拾房间。每个星期六晚上,她们都要洗衣服并把衣服烘干、缝缝补补,连卓娅都学会了编织。在孩子们成为孤儿后的第一个冬天,她们每个人都为自己织了一件短上衣和几双袜子。孩子们自力更生所做的事情，不是简单的自我服务。我们经常去探望这个优秀的、友爱的家庭（这个家保留了下来，这是我们最大的快乐），发现每个女孩在所有劳作中，甚至在微不足道的劳作中，都倾注了对自己姐妹的尊重。例如，小卓娅比索尼娅和斯韦塔早回家一小时吃午饭。她不仅努力地洗了盘子，放好了汤匙和叉子，还想着让姐姐们放学回来后能少操点心，从而能做更重要的、她本人力所不及的家务劳动。她在电炉上加热了饭菜，准备好明天早晨的燃料，倒掉垃圾，然后开始编织衣服。

  对妹妹们的关心更深刻地展现了索尼娅内心的温柔、爱和热情。妹妹们尚未入睡前，她从不睡觉。当卓娅或斯韦特拉娜不知何故久久未回家时，她就会像母亲担心自己的孩子那样地不安。冬天，她留意用围巾裹住小卓娅的脖子。她去参加家长会，询问老师怎样做才能让卓娅把字写得更好一些。挤出时间来与自己的十月儿童小组的孩子们谈话，对她来说是很不容易的，但当她听说大队委员会打算免除她的少先队指导员的工作时，她提出了抗议："难道能够放弃这些孩子们？"她申诉道："他们有多好啊！没有他们我一天也过不下去。"她继续留任十月儿童小组的辅导员，并为加入共青团做准备。十月儿童小组的孩子们知道索尼娅很困难，就跑到索尼娅的家里，帮她在宅院旁的园地上种菜和收割。

  一年过去后，索尼娅从七年制学校毕业了。许多教师以为她会中止学习去参加工作，当他们得知她决定去炼油厂当实验员的学徒并继续在八年级学习时都很高兴。镇上没有夜校，姑娘就请求工厂让她上夜班。

一天，历史老师发现索尼娅上课时睡着了。他走近她，不让其他正在自学的同学发现，把手放在她的头上。姑娘醒了，有点不好意思，赶快学习起来。

这次事件之后，我们就去找了炼油厂的厂长，请求他把索尼娅的工作时间缩短一半。我们的请求得到了支持，姑娘这下就轻松多了，现在她晚上可以与妹妹们在一起，有时候还能抽出时间来与她的十月儿童小组的孩子们一起玩，这些孩子们正在准备加入少先队。

在休息日，索尼娅和妹妹们一起去森林。对小女孩尤其是对卓娅来说，这是非同寻常的休息和娱乐时刻。与姐妹们一起去森林的还有几个小男孩，他们是索尼娅的十月儿童小组的孩子们。

我们看到孩子们是多么依恋索尼娅。她的十月儿童小组有一个男孩——彼佳·索科洛夫，他的父母是没有心肝的冷酷的人，对自己的孩子毫不关心。父亲几次蹲监狱，母亲做投机买卖。从彼佳入学起，教师就抱怨他的性格反复无常、暴躁。他欺负其他孩子尤其是女孩，与谁都不能友好地相处。"这个男孩根本就不懂得什么是好话，"他的班主任很伤心，"对他说的任何好话，他都会惊讶地觉得里面有什么阴谋诡计和骗局。"但彼佳把索尼娅看作自己第一个真正的朋友。在回家的路上，索尼娅给小男孩讲故事，讲善良怎样战胜邪恶，回忆一些勇敢的英雄的传记。索尼娅每天看他的笔记本，为小男孩取得的每个点滴成绩而高兴。彼佳感到，这不是检查他的功课，而是善意的帮助，于是开始努力地做作业，尽可能地做好。当索尼娅的家庭突遭厄运时，小男孩对如何表达自己的同情思考了很久。他送给索尼娅一本自己心爱的书——Т.Г.舍甫琴柯的《科布

关于人的思考

扎里》①,这本书是他在学校试验田里工作出色而得的奖品。

索尼娅在八年级时成为共青团员。也是在这个时候,她的十月儿童小组的孩子们成了少先队员。我们学校的共青团员保持着一个神圣的好传统:加入共青团的小伙子和姑娘们,在有党组织和参加过伟大的卫国战争的代表出席的会议上,讲一讲在这个庄严的日子里激励他们的思想和情感的话语。这些叙述一般都是三言两语,但往往一句话就反映出珍贵的思想、对未来的信念和观点。我永远记住了索尼娅所讲的话:

我想成为共青团员是为了给别人带来幸福。对我来说,共青团,这是最大的家,所有的人都友善地生活在这个家中,互相帮助,而最主要的是互相信任。对我来说最大的幸福就是友谊,我准备为了友谊而献出自己的一生。

索尼娅越来越多地思考自己的未来。她很想成为一名教师或医生。她认为,这些专业更能证明自己对其他人的忠诚和热忱。索尼娅给我看了她的日记——一本守护自己最隐秘的思想的笔记本。我记住了那些热情的、炽烈的话语,其中反映了对同学或对成年人的某种行为的不解以及对自己的行为的正确性的怀疑,也反映了青年人对善良和正义的胜利而感到的由衷的高兴。下面是姑娘日记中的几个片段。

人为什么要学习?是为了向其他人传授知识。当我知道什么有趣的东西,我就想告诉同学们,告诉朋友们。如果他们对我说的东

---

① 科布扎里,是弹科布扎(一种乐器)的乌克兰民间歌手。——译者注

西不感兴趣,我就不高兴。我想当教师,我想当一个像 Н.П. 那样优秀的、聪明的老师。她不仅给了我们知识,还让我们的内心充满了快乐。

奥莉加·米哈伊洛夫娜医生到我们学校来了几次。我想像医生那样无私地为人们服务。如果我能成为一名医生,我就要走遍镇上的每家每户,要询问所有的成年人和孩子,他们感到身体如何。如果有人企图隐瞒自己的病情,他绝对办不到:我反正会搞清楚他的病情的。我会从他的眼睛中看出来……

为什么人会衰老和死亡?我小的时候突然脑子里第一次冒出了一个念头,想到我会死掉。我很害怕。我还记得那时我和妈妈一起睡。这个念头让我那么难受,我哭了起来。妈妈醒了,我告诉她我害怕什么。我的妈妈是多么聪明,多么棒啊!她对我说:人可以延长自己的生命,这取决于他自己。应该让光辉的、崇高的事情充实自己的生活,这种情况下即使你死了却仍然活着,因为人们将记住你。为了在自己死后给人留下美好的记忆,我该做些什么呢?我喜欢人们,尤其是小孩。我一定要成为教师。如果当不了教师,最好能当幼儿园的教养员……

我读了很多关于优秀的、诚实的、勇敢的人的书。像奥沃特、保尔·柯察金、奥列格·科舍沃伊……这样的英雄让我激动。如果所有的人都像他们那样,生活将变得多么美好!如果一个勇敢的人能够世世代代地活在其他人的心里,当所有的人都是忠于崇高目标的英雄时,那么,他们生活于其中的这个集体的力量将是多么伟大!这样的集体将能够创造奇迹。

当我第一次读到丹科为了拯救人们从自己的胸中掏出火热的心，把它当作火炬高高举起，我想，我的父亲也是这样献出了自己的心。我为他自豪。多么希望所有的人都成为这样的人啊！但我们中间还有不少心地不正的、让人不快的人。有一天我们家里来了个妇女。斯韦塔和卓娅不在家。她开始打听我和妹妹们的日子过得难不难。我回答说不容易。她说："你为什么不把她们送到保育院？我就把自己的儿子送到保育院去了。现在我就自由自在了……"她还给我使眼色，意思是你也这样做吧。她的这些话让我感到害怕。难道母亲可以放弃自己的孩子吗？每个人在生活中都应该有某种无比宝贵的东西，这就是女儿、儿子、姐妹、兄弟、母亲、父亲或者能成为比亲人还要亲的"别人"。没有这样的一些亲人就没有生活……

昨天我和奥利娅说好3点钟在物理教室见面，一起复习很困难的一节并解答几道习题。奥利娅3点钟没来。她一直就没来。今天我看到她了。我想：现在她会请求我原谅，她会感到不自在的……但奥利娅甚至没想起昨天的事情来。是啊，这对她来说算什么事啊，可能她已经忘了它。怎么能与这样说话不算数的人交朋友呢？对我来说这不是小事。今天她小小地欺骗了我，明天她也不会发现我的痛苦。

斯韦塔读五年级，卓娅在二年级。我读完十年级时斯韦塔将升八年级，卓娅才升五年级。怎么能把她们单独留下呢？在斯韦塔毕业之前我是否得工作两三年，然后斯韦塔去工作帮助我和卓娅，或者学校毕业后可以去函授学校学习。但无论如何不能把她们单独留下！

这位15岁姑娘的美妙日记的每个字流露出的情感是多么的高

尚，多么的纯洁！她的精神和道德的发展远远超过了自己的年龄，苦难和操劳增长了她的智慧和理智，情感也因此变得更明快、更深刻。

我在翻阅自己的教育日记时思考了一些问题：这个家庭的命运有什么教育意义？女孩们所表现出的精神上的坚强性、真正的勇敢精神的源泉是什么？如何在所有人身上培养这些宝贵品质？为什么没有心肝的、冷酷的、无怜悯心的人在我们中间至今还有？如何才能使我们的社会中不再有这样的人？如何在各个受教育者之间建立、发展并巩固真正的人的关系？

我觉得这就是共产主义教育最主要的问题。在我们面前共产主义社会的轮廓显现得越清晰，共产主义的思想性与人性、与人类灵魂的美就越多地融合在一起，就越能够有机地结合起来。

教育中最重要的和最困难的是要使每个儿童从有意识的生活一开始之时就深深地信任人身上存在的和可能存在的所有一切美好的东西，让他用自己的行动去帮助其他人，不仅帮助孩子，还要帮助成年人，用自己的行动去展示人身上美好的东西。在深入地思考我从这个家庭父母在世时和父母去世后所看到的东西后，我得出了这样一个信念：这些女孩的童年和少年时代是人性的真正学校。

当人在童年时就坚信，没有友谊，没有心灵的纯洁，没有真诚，没有真理，生活就不可能有真正的快乐；坚信一个人要成为心灵美的斗士，就要为争取普遍的幸福而奋斗。如果没有这种信念，人就变成了幸福的享受者；对他来说最宝贵的、最重要的是个人的小小的天地，利己主义的享乐和愉悦封闭了他走上人类幸福的大世界的路。要让真切的友谊感从每个受教育者的童年时代起就渗透到他的心灵中，要让他把自己心灵的温暖奉献给自己的朋友，为朋友的快乐而高兴，为朋友的痛苦而悲伤，这一切是多么重要啊！

我们的使命是培养胸襟宽广的人，这样的人首先要忠于崇高的思想，愿意为了这一思想贡献自己的力量和生命。但是，没有对人的忠诚，能否忠于崇高的思想？某些教育者、家长、教师、少先队工作者的错误就在于此，他们企图脱离人的相互关系、脱离对人的义务感来培养儿童具有高尚的思想。这样的教育只能培养出冷酷的、无情的、斤斤计较的人，这样的人常常发出有关共产主义道德的豪言壮语，与此同时却玷污最光辉的、最美好的东西，即亵渎亲近的人的心灵。

在亲人、朋友、同学这样一个狭窄圈子里的深刻的人与人之间的关系，是每个儿童都要经历的第一所人性的学校。极端重要的是要让人从自己的童年和少年时代起就尽可能多地承担起对其他人的责任和义务。

如何在儿童的心灵中播下真正人性的种子？我再次思考像索尼娅、斯韦特拉娜、卓娅及其他诚实的、高尚的小伙子和姑娘等这样一些人的生活道路，得出了一个结论：这里最主要的是儿童思想尤其是情感的源泉。儿童有自己的快乐和悲哀。当孩子高兴时，成人就很满意，当孩子因什么感到不快时，成人就担心；而为什么他高兴，为什么他不快乐，对此成人从不考虑。儿童从自己最初的有意识的生活开始就应该关心某个人，为某个人感到不安，担忧某个人的命运。

利己主义的根源隐藏在道德情感的荒芜之中。儿童的利己主义是最危险的，它始于家长对儿童最微小的让步。当儿童因妨碍大人首先是父母的利益而获得快乐时，利己主义的习惯由此产生了。父亲下班后很疲惫，他应该休息，但5岁的小儿子很晚了还不睡觉，还想听收音机。父亲心甘情愿地让步了，这种愿望由于常常得到满足而变成了任性的要求。父亲想：就让孩子听收音机吧，我以后再凑合睡个够吧。儿子高兴地看到并感觉到了父亲在让步，他就开始想：父母的幸福就在于经常让孩子们得到快乐……女儿吃完饭，她应该洗盘子，但妈妈看到这项枯燥的义务让女儿感到是累赘。"让她去玩吧，"母亲想，"我来洗。"这样的事重复了几次，小姑娘清清楚楚地知道，洗餐具是她的义务，但她的良心一点也没有受到谴责。

一开始儿童表现出无动于衷，以后就发展成厚颜无耻。对于利己主义者来说，其他人的命运是无所谓的，最主要的是他自己的幸福和享受。

培养对其他人的精神世界的敏感性，关心快乐和悲伤的原因——这是防止利己主义的最重要的方法。儿童的整个学校生活和家庭生活环境，大人与孩子之间有时不易察觉的那种相互关系，以及把人结合进一个集体中的同龄人之间的相互关系，都能帮助儿童明白，不要为了谋得自己的幸福而掠夺其他人的幸福。

我记得，在火车司机家里是如何细致入微地灌输这样一种思想的：我们当家长的花费要比你们孩子们少一些，生活给我们的快乐远比给你们的少，因此，你们要尊重我们，不要夺走我们应得的东西。逢年过节孩子们几乎自愿承担了全部家务，父亲和母亲应该休息。这不仅成了习惯和传统，而且成为孩子们真正的节日。为了让父母高兴，孩子们开展了比赛。如果母亲买了什么很好吃的东西回来，孩子们永远不会忘记与父母分享。很难说这种行为是从哪里开始的，看来起始于最小的、最微不足道的事情。例如，深秋时候，父亲在果园里找到了三个散在落叶中的苹果。这个品种的苹果已经没有了，他把它们当作稀罕物拿了回来，给女孩每人一个苹果。女孩们很高兴，每个人都把这份礼物欣赏了好几分钟。然后她们来到隔壁的房间，商量着什么事情。她们回来时送给父亲和母亲每人一个苹果，只留下一个苹果。家长认为这是很自然的事情，在他们心灵的深处期待着孩子们这样的行为。他们感到，孩子对家长的爱不是靠给予孩子东西赢得的，而是通过孩子给予家长什么来赢得的。在这一情境下，孩子们所给予的远比两个苹果多得多。她们奉献的是自己的一点心意，奉献的是一片温馨。怎样激发孩子心中这种高尚的情感追求呢？每个孩子都力求给予父亲和母亲最珍贵的东西。只要仔细地观察一下孩子，您就会相信这一点。但全部的不幸就在于许多家长不懂得自己孩子心中的爱的源头，压制他们的高尚的冲动，主动拒绝了孩子们为他们准备做的好事。当最初的情感稍被摧残，用语言和道德说教来激发就不可能了。

只有在家庭中萌生了对其他人精神世界的敏感性，这种敏感性才能在学校中，在人类的社会生活中得到发展。从孩子进学校的最初之日起，就向他们灌输这样一种思想：一个人不应因自己的行为给别人造成不安和不适。如果孩子们把灰尘带进房间，在自己的身后留下小纸片，把白色的墙壁或护墙板弄脏，这就说明他们不尊重付出劳动的人们，他们对这些人负有相当大的物质和精神的债务。

В.П.诺夫茨卡娅在我们学校里担任一至四年级的教师已经14年了。她送走了三届小学毕业生，我完全有权说，这些孩子们不仅获得了基本的文化知识，而且掌握了真正人性的原则。在她的班里从来不指定值日生，也不用对教室进行紧急大扫除来清除几个月沉积下来的污垢。

在教室的入口处放着一块地毯，孩子们在它上面擦鞋，鞋在进学校大楼时就像已经被仔细地洗过了，因此没有必要打扫，孩子们每星期拖一次地板。集体中建立起的相互关系是这样的：每个孩子都经常为同学做点什么，关心同学的事是否顺利。诺夫茨卡娅做到了使这种劳动与其说是孩子们的义务，不如说是孩子们的需求。譬如说，教室有一个集体图书馆，每年每个学生都要把最喜爱的个人藏书捐赠给集体。这使孩子们得到了最大的快乐。诺夫茨卡娅的学生终生保持着这种极宝贵的品质——与人为善的能力和修养。

不久以前，满足个人对食品、衣物、住所的物质需求已不再是问题了。我们看到关于幸福的、真正有价值的生活观念发生了变化。我们时代的先进人物既不是从财富也不是从物质的积累中寻找幸福，而是在人身上谋求幸福。无私的同志关系和友谊关系带来了快乐，这种快乐洋溢着纯洁的、道德高尚的爱，这就是在共产主义社会中一个人给另一个人带来的财富。这种财富是符合道德的，只有通过教育才能获得。我们的任务在于使每个孩子在人身上看到最高水平的美，用自己的行为保护、呵护、丰富这种美。道德的伟大和社会的美取决于友谊和同志情谊的纯洁，取决于爱的美。

珍爱对理想的信念

这是一次非同寻常的集会，集体农庄的园艺家、70岁的费奥多尔·安德烈耶维奇老人来参加少先队的活动。在集会的前一天，我请费奥多尔爷爷给六年级的少先队员讲讲劳动中的趣事。"随便什么有趣的都行，"我说，"只要能让孩子们看到并感觉到技艺的美以及热爱劳动的品质的美就行。您钟爱园艺，就像艺术家钟爱绘画一样。"

费奥多尔·安德烈耶维奇答应了我的请求。孩子们都认识他，他们时常到果园和苗圃里去。费奥多尔爷爷不但善于劳动，而且还能绘声绘色地讲述自己劳动的故事。孩子们饶有兴味地聆听他说的每个字，期待着园艺家开始讲最主要的东西，孩子们知道，他的故事总是从一段有趣的开场白开始。

"孩子们，我给你们讲一只苹果的多灾多难的命运，"费奥多尔·安德烈耶维奇说，"你们都知道我有一畦特别珍爱的小树苗。但这些树苗将长成什么样的小树,你们是不知道的。这些树苗的命运是很有教育意义的。它们对我来说是十分珍贵的,就像你们中的每个人对于你们的父亲、母亲那样珍贵。事情发生在 1941 年 7 月底。侵略者占领了苏维埃的土地。那时候,集体农庄果实累累的果园就在路边,一支红军部队沿着这条路撤退,我摘下了所有成熟的水果,把它们搬到了路上,放在筐里,但是没有一个士兵有心思去吃这些果汁饱满的苹果。他们的心头沉甸甸的……我把小孩子们叫了来,让他们分发苹果。

"树上只留下了晚熟品种的果实。在这些果树中,有一棵不一般的苹果树,它是那个夏天最早结果的果树。这是我培育的果树,我用一位唐波夫省的米丘林[①]式的园艺家送给我的幼芽与野生的小树嫁接而成。这棵匀称的、枝叶繁茂的小树,我怎么都看不够。它向着太阳伸展,枝叶洒下一片阴凉。当第一批果实长出来时,我感到大吃一惊,这些苹果晶莹剔透,就像绿宝石一样,能够看清楚里面的每粒核。有经验的园艺家说,在 100 万各种各样的杂交品种中,能成为新的且优良的杂交品种的不会超过两三种。努力培育这种幸福的杂交品种吧!人的生命是短暂的。我觉得幸福降临了。还没等这棵神奇的树的果实成熟时就闯进了第一批法西斯的军车。军车停在果园的旁边,士兵们纷纷去摘尚未成熟的果实。他们走近了我的小苹果树。我恳求他们不要摘苹果,但他们哈哈大笑,把我推到一边。

---

① 米丘林,苏联园艺学家、遗传学家,培育出 300 多种新型果树。——译者注

他们摘下了所有的苹果，放进包里就走了……

"三个月后，一名法西斯军官命令把树砍了作劈柴。我去找他，请求他留下这棵神奇的苹果树，但无济于事。军官明白了这棵小树是我的心肝宝贝，就决定侮辱我。他想让我亲手砍倒这棵苹果树并用来给他房间里的壁炉生火。对我来说，与其受这样的屈辱，不如去死。他们打我，把我关了两个礼拜。后来，他们放了我，我立即跑到果园，仅看到树桩。在军官的住宅旁边，我找到了自己的苹果树，它已经被锯开放在柴垛上了。在数千块的劈柴中，我认出了它。在一块劈柴上，几根带芽的小树枝奇迹般地安然无恙。我把树枝掰下来带回了家，并藏在地窖里。春天时，我找到了几棵野生的小树，把我的苹果树幼芽嫁接到这些小树上，还保留了几棵幼芽以防万一。这并非多此一举，德国人撤退时修筑的工事不巧在我的果园里，他们又一次大砍大伐，烧掉了所有的树。我们的村子刚一解放，我就从地窖里挖出长着幼芽的三根枝条。两根没能存活，只有一根长出了嫩枝。我高兴极了，像经历长夜后见到太阳一样。

"七年之后，就像我欣赏晶莹剔透的果实那年一样，果园里又长出了枝干匀称的、枝叶繁茂的美丽的果树。它开花，结果。我摘下了四只成熟的苹果，剥出种子并把它们播种在果园里，而且对树苗进行了嫁接，用那棵苹果树的树苗与树苗进行嫁接。我觉得大自然还没有向我展开它的全部的美。你们照料的那畦幼苗，也是我的美丽的苹果树的后代。我迫不及待地等待着果实。这种苹果将会散发出奇异的芳香。我为了向人们提供这样的苹果，付出了20年的时光。如果没有这项尚未完成的劳动，我可能早就死了。孩子们，我把这些奇妙的苹果传给你们。记住，最大的幸福，就是为人们做点什么。如果你体验到了这种幸福，劳动对你来说就是一件快乐的事。你的一生就不会白白地度过。"

孩子们凝神屏息地听着故事。

当故事讲完，他们向费奥多尔·安德烈耶维奇提出了许许多多的问题。我发现格里沙也想问些什么，但没拿定主意。

集会结束后，孩子们围住了客人，告诉他自己的事情，与他商定什么时候去果园。格里沙站在一边，不时地看着费奥多尔·安德烈耶维奇。从他焦灼的眼神中可以看出他很想走到爷爷的身旁，但什么东西拦住了他。

我明白了这个故事对格里沙的打动与对其他的同学完全不一样，爷爷的话可能刺痛了他心灵中某个最敏感的、可能有隐痛的角落。

这让我感到不安。怎样让孩子敞开心扉呢？怎样能更好地接近他而又不伤害他，不疏远他？

我喜欢格里沙的坦率、正直。他的心灵对好事和坏事都很敏感。他为好事兴奋雀跃，而坏事让他气恼，他总是坦率地袒露自己的感情。我记得，几个月前，他的一个同学从图书馆借走了一本书，撕下了书中的一张图。这本书被还回图书馆后又借给了另一个学生。当这个学生还书的时候，管理员发现书少了一页。男孩遭到了不公正的指责。格里沙偶然知道了谁是真正的过失者，他与格里沙并排坐。当班主任企图让那个孩子"招认"时，过失者却神情泰然地坐在那里。格里沙捅了捅他，轻声对他说："自觉一点，是你撕的。"过失者的表情是如此地惊异，让格里沙感到局促。局促让位给了气愤，格里沙跳了起来，激动地说："看，是谁撕了书。他在那儿坐着，一声不响，甚至心里高兴，有同学为他顶罪。难道可以这样做吗？"

格里沙的话里饱含火热的情感，对真理真诚的追求，即使集体中最虚伪的君子也不敢称格里沙为告密者或进谗言者（在类似情况下常常会发生这样的事）。过失者不得不承认了自己的错误。

当我考虑如何找到一条通向这个感受性强的、敏感的男孩心灵的道路时，我想起了所有这一切，就直接走到他面前对他说："什么事让你激动和不安？"但我感到，不可以这样做。如果这个小人儿心里有什么痛楚，他就很难把同情、关心与单纯的好奇区分开来。应该更深入地了解这个孩子，更多地与他在一起。

有一天，我同一群七年级的学生到费奥多尔·安德烈耶维奇的果园里。在路上，我与格里沙交谈。我们一起来到果园，在那里的窝棚中休息。这时雷鸣电闪，下起了暴雨，水流涌向沟壑。暴雨停止时，我们看到了水流在果园里冲出了一条沟，某一处的几棵桃树的根裸露在外面。大雨过后还下着小雨，但应立即去拯救它们。费奥多尔·安德烈耶维奇以自己为榜样，带动了我们；我们用手捧来湿透的黑土，给树根培上土，尽可能地让它的根须无损。格里沙帮我一起干；为了不让男孩感冒，我把自己的上衣给了他。工作完之后我们都冻坏了，但都很高兴，回到窝棚，点起了篝火，烘干衣服，煮上了新鲜的马铃薯，听费奥多尔爷爷讲故事和轶事。我们是那么的快乐和惬意，真想让这样的时光无限地延长下去。任何人都没有提到友谊，但我们感觉到大家是朋友：共同的担忧、共同的胜利、共同的快乐，使我们成为朋友。

　　根据我多年的教育工作经历，我坚信，这种心心相印的时刻是任何其他教育措施和方式所不能替代的。我们一起回家。我已经不担心我的问题会让男孩戒备起来："格里沙，什么事让你激动和不安？"我觉得他早就在等待这个问题了。格里沙开始说。这是渴望独立地分析复杂的生活现象和人的火热的话语。在这些话语中，我听到了对真理执着的追求；他在证实的同时也在询问，在寻找对自己的思想的正确性的证明；他在询问的同时力争获得他的良心所提示给他的那个答案。听着他的热情的自白，我想：我们的年轻一代的精神生活是多么丰富、多么复杂的，在少年的思想和行为中潜藏着如此源源不断的意志的力量，我们多么应该非常巧妙地利用这种力量啊！14岁的少年正在寻找正确的生活道路。他没有走上歧路，在他的面前前途光明灿烂，这就是为了祖国而进行的有趣的、内容丰富的劳动。但除了美丽的、道德高尚的人之外，他还看到了不少丑陋的人。他在考虑：什么是正确的？是他在书中读到的，在少先队会议上听到的，还是在家里看到的？

　　"我读了很多关于帕夫利克·莫罗佐夫和其他少年英雄的故事，"格里沙激动地继续说，"我想成为这样诚实的、勇敢的人。我很高兴能了解到这种勇敢的行为。关于西伯利亚的那个猎人的故事让我很激动，他五天五夜抱着自己生病的同伴，救了他的命，但自己却病倒了，最后死了。我知道了米丘林的生平。人家要给他很多很多的钱，想诱惑他到国外去，但米丘林既不贪图财富，也不对远离祖国的某个地方的科研工作垂涎欲滴。他始终忠于自己的祖国。我觉得总会有一天我的父亲也会做出某种值得称道的好事。我希望他成为一个好人、勇敢的人、正直的人……我曾经认为父亲是这样的人，也非常爱他。我现在还爱他，但不像从前那样爱。

"春天的时候，父亲在集体农庄的果园干活。每天晚上他都要带回家用绳子捆绑好的树苗，在晚上栽下这些树苗。我感到很奇怪，于是就问他：'爸爸，为什么您在晚上栽树？让我和妈妈在白天干这个活吧。'父亲生气了，要我不要管他的事。我想了很久，为什么他要这样做，我的心久久不能平静。

"有一天，我看到了一件可怕的事。父亲栽下了他晚上带回来的五棵树苗，但还剩下三个树坑。他去了农庄的果园，一个小时候后回来了，像做贼似的东张西望，然后栽下了另外三棵树苗。我明白一切了，我的父亲偷了20多棵树苗。其实树苗完全可以去农庄购买，父亲有许多钱，他每年春天都出售蜂蜜，我家有一个大果园，母亲到市场去售卖苹果、梨。

"我很爱父亲。我多么想对他说，不要再在晚上把树苗拿回家来！他挖出了三棵树苗，而这三棵树苗本来栽在集体农庄的果园里。我几次想和他说，但父亲变得很孤僻。

"我睡不着，老是在想。可能现在已经没有像西伯利亚的猎人、米丘林这样的人了吧？是不是优秀的人只有在书中才存在？是否做好事只是为了让人们谈论它们并写进书中？

"我多么希望在那些折磨人的时刻有人对我说：'不，所有这一切都是真的！现在也有成千上万的勇敢的、优秀的人。'我寻找关于勇敢的人的书籍和报纸。一位舍身救人的妇女的行为让我感到震惊。

她在救一个小孩的时候，自己掉到了火车的车轮下，失去了两只脚。我是在少先队的集会上知道这件事的。

"而这时家里发生的事情却大相径庭。有一天父亲带回家一口袋葵花籽。我立即猜到他是在哪里拿的：晚上他去了农庄的地里，在那里脱粒。我把这事告诉了母亲，但她把我狠狠地骂了一顿。后来，她又央求我保持沉默，不要对任何人说……看到父亲和母亲，我感到羞耻。父亲也回避单独与我见面。如果最亲的、最爱的人这样干，那么，真理在哪里呢？要知道，我是多么相信父亲的每句话啊！

"我很愤怒，打算否定老师、少先队辅导员所说的关于好人的所有一切。有一次无意中听到生产队队长和一个农庄庄员的谈话：队长请这个庄员到地里去收集一些干草，并把干草盖在葡萄的秧苗上。队长说这项工作很重要，让这个庄员相信，如果不给秧苗盖上干草，它们就会死掉。而我不知为什么认为他很虚伪，他想让别人认为他是一个好管家，关心人民的财产；我在想，事实上，他春天的时候为自己挑选了上百棵最壮的秧苗，晚上带回家，把它们栽在自家的周围。恰巧在那个晚上，我遇到了这个队长；他问了我一点什么，而我粗鲁地回答了他。

"我心情沉重地去参加了那次邀请费奥多尔爷爷参加的少先队集会。我想：他也是像我父亲那样的人，说的是一回事，干的是另一回事。但爷爷一张口就驱散了我沉重的情绪。我在听他讲故事时想，书中也写过这样的人。我对费奥多尔爷爷了解得这么少，这有多不好啊！要知道我是经常遇见他的呀！……

"在听费奥多尔·安德烈耶维奇讲故事时，我想：他所做的一切，我也是可以做到的。做这样的事可能不需要某些特别的天赋和才能，需要的只是人的诚实……

"尤其当我听父亲谈论农庄的工作时，与他见面变得痛苦了。他被任命担任小组长，受委托栽培玉米和小麦。他像模像样地教育他的同伴应该怎样工作，怎样保护人民的财产……但这些都是虚伪的言辞。我想这么说，但说不出口。为什么我的父亲变得这样坏？一想到这些，我的心情就很沉重。"

我听着格里沙的叙述，心里想：这种坦率，这种急于说出自己所有疑惑的心情，说明了什么？看来这说明了，正是在这一时期，在十四五岁的年龄，观点和信念正在逐渐形成。他们的心对周围发生的一切变得非常敏感。青少年的特点就是对谎言、欺骗、虚伪、伪善深恶痛绝，对周围世界的敏感导致青少年（包括小伙子和姑娘）做出的评价和判断常常过于尖刻。他们把世界分成好和坏、正确和错误。我们成年人应该记住，我们的孩子正在敏锐地、关切地注视我们，而且所有其他人对我们的劳动、我们的生活、我们的相互关系的认识，在这个意义上都被认为是由我们负责的。杰出的苏联教育家马卡连柯说过，任何时候，即使我们不在家的时候，都在进行教育。对这句话现在还应做一些补充：首先让我们的孩子知道我们为什么而劳动，然后让孩子认识我们。

格里沙的思索向我提出了一个重要的教育问题，一般认为这是一个纯理论的问题。这就是关于道德理想的问题。只有通过生动的、有激情的、有生活体验的人物形象，才能让孩子接受关于崇高的人格、高尚的共产主义理想的思想。孩子应坚定不移地相信：世界上存在理想的人，而且每个人都可以成为理想的人。在格里沙身上出现了精神上的迷惑，因为他对理想的可能性和现实性产生了怀疑。男孩最亲近和热爱的人玷污了他的关于人性的纯洁和高尚的观念。这有可能发生最可怕的事情：孩子彻底丧失了对人的信心，成为一个冷漠无情的人，这种人对能使人热血沸腾并精神振奋的所有一切，对能使人对伟大事业的真理性信心倍增的所有一切，都漠然处之。我遇到过这样冷漠的人，在课堂上和在给成年人讲课时都遇到过。当我看到，不论是伊万·苏萨宁或亚历山大·马特洛索夫的自我牺牲，还是鞑靼诗人穆萨·贾利尔（在监狱中惨遭严刑拷打仍坚贞不屈）勇敢的召唤都打动不了他们时，我的心痛得发颤，为这些人的命运、为他们的现在和将来感到心痛：他们为什么而活，在他们的生活中什么才是神圣的，当他们的眼前发生激烈的冲突时，他们将站在哪一边，当他们看到恶行、犯罪，看到人的尊严遭到蹂躏时，他们会如何行动？这些人的心不可能点燃思想的火花，因为在他们的心中没有人的激情的火花——对真善美的信心。他们对坏人坏事不气愤，因为他们没有可用来与坏人坏事做比较的人和事，由于自己卑污，他们看不到其他对照物。

在那些对格里沙来说是很不容易的日子里，他是多么需要支持啊！听着他的自白，我心想：我能处理好这件棘手的事吗？这件事决定了这个男孩一生的道路。

回到我家后，我们继续谈了很久。格里沙看到了我桌上的书

《太阳城》。我告诉他这本书讲述的是托马斯·康帕内拉[①]勇敢的一生。在讲到这个人无比顽强的品质时,我尽可能地引用可靠的史实,应该让格里沙相信,英雄是平常的、普通的人,他们坚强的意志和勇敢来源于对自己所做事情的正义性和真理性的坚定不移的信念。我努力在这个孩子的心中树立起一种信念:每个诚实的人都能够成为英雄,对他来说,人民的利益是至高无上的,人民的利益是良心的呼唤。

"在我们的时代有这样的英雄吗?"格里沙问。他这样提出问题,看来脑子里想的是另一回事:"在我们的时代,在我的面前没有任何不仅可以用武器,还可以运用意志的力量去战胜的敌人,我还有可能在我们的村子里成为这样的英雄吗?"

生活不止一次地告诉我,正确地回答这个没有直接说出来但困扰这个未成年人、让他不得安宁的问题是多么重要。我还记得,一个8岁小男孩气喘吁吁地跑到我面前激动地说:"科利亚(九年级学生)摘了校园里还没成熟的杏。"某些人把孩子的类似的通报看作告状或孩子之间的小纠葛。其实根本不是这样的。在这些话语的后面隐含许多思想,儿童是在询问,而不是通报。在这个瞬间他脑子里闪过的是这样的问题:"科利亚摘未成熟的果实,这样做对吗?高年级同学教导低年级同学应该举止良好,保护树木,而为什么自己却

---

① 托马斯·康帕内拉,意大利文艺复兴时期的空想社会主义者、哲学家、作家。在他的代表作《太阳城》中,康帕内拉假借一个游历者的见闻,采用对话录的体裁,描绘了一个消灭了私有制和剥削的大同世界,同时,有力地批判了意大利的现实社会制度。——译者注

要这么干？为了不让科利亚或其他任何人破坏树木，您，老师，将做些什么？惩罚科利亚——这对其他人能产生影响吗？"

  我在男孩的话语里读到了这些问题。试试回答这些问题吧。如果我马上去找科利亚，想出如何处罚他，而且还把这个8岁的小男孩拖来做证人——这是对孩子的信任做出的最愚蠢的、最不能允许的回应。男孩会因此把自己封闭起来，再也不会向你提出任何问题。他会放过不道德的行为，害怕谈论它们，因为知道他的问题的唯一后果就是对犯过失者的惩罚。在这里，重要的不是惩罚，而是表明自己对过错的态度，让孩子首先感觉到我的心对他的态度，而不是我的理智对他的态度。

  "是的，在我们的时代每个人都能成为这样勇敢的人。"我回答格里沙的问题。可能我的话有点咬文嚼字，但我不能无动于衷地讲述伟人用理想创造的神奇的太阳城，在我们的今天变成了现实。如果为了幸福的理想，为了把自己的理想传给后代而应该成为英雄，那么，创造这种幸福的人须具有怎样的意志力啊？

  我们在黎明时分手，这时东方的天空已经泛白，能听到从格里沙父母房子周围的果园里传出的轻轻的咳嗽声。"父亲在果园里过夜，"格里沙说，"担心小孩子们摘早熟的苹果。"

  几天后，我与七年级学生一起远足去拜访社会主义劳动英雄马克·奥泽尔内小组，他们离我们不远——50公里的路程。马克·奥泽尔内已去世，但在他创建的小组中，多年来始终洋溢着征服大自然的战斗精神，这种战斗精神是马克·奥泽尔内劳动的特点。我们在地里与集体农庄庄员见面。

这个小组刚好开始收割。孩子们看到了他们是如何精心地挑选最壮的麦穗留作明年的种子。每个小组成员在选定一个麦穗之前都反复检查了成百上千个麦穗。为存放种子专门建造了一座房屋，房间里保持着一定的温度。当播种季节来临时，人们剥出麦粒，挑选出最大的种子，把它们拿到太阳底下晒。姑娘们如此钟情地察看每个麦穗和每颗麦粒，这使我不由得想起了一位珠宝商，有一次我碰巧观察他的工作，他在挑选已被磨光的珍贵的宝石，用它们来装饰一座纪念碑上的苏联国徽。他知道，纪念碑将世代矗立在那里，这一想法使他产生了灵感。这些姑娘们也是带着这样的感悟在劳动。这就是说，她们对自己的劳动的认识远远超过了每公顷收获100公担[①]粮食。她们认为自己正在建造纪念碑，不止一代的人将去瞻仰这座丰碑。这座丰碑的名字是：创造，人的智慧。

不知道学生们把年轻的农庄庄员的工作与什么做比较，但他们忘了自己是在做客，被姑娘们的劳动吸引了，主动去帮助她们干活。

他们回家时都很激动。通向太阳城的门似乎在我们面前稍微打开了一点，太阳城，那个未来的美丽城市，居住在里面的每个人都为自己的劳动而自豪，都品味着劳动的快乐。

"是的，这些人与我们不一样。"当我们走出村子，坐在路边等过路的车时，格里沙说。我们从他的话中能听出他为他们感到骄傲。

与高产能手们的见面，似乎是给这个男孩子的精神充电的电源，他感到迫切需要这种电源。

---

① 1公担约为100千克。——译者注

秋天临近了。学校的试验田正在为新的试验做准备。七年级学生——少年自然科学家小组成员这时正热衷于按粮食联合组织的方法培育高产的小麦:让每株作物都单独地一簇簇地成长,目标是让每株结出尽可能多的穗。格里沙提议把一项试验直接用于大田。他说:"让我们在农庄的土地旁边播种300公顷的小麦。农庄每公顷收获30公担,而我们将是90公担。"孩子们开始为这项有趣的工作做准备。他们决定施9 002吨肥料。格里沙牵来了农庄的马,少年们集体运送腐殖土。格里沙建议一粒一粒地挑选小麦种子。90公担——这是一颗遥远的火星,但很明亮,现在所有的孩子们都在朝着这颗火星急速前进。劳动带来了对某种节日般的庄严的东西的满怀希望的期待。

由于这热情高涨的气氛,平平常常的劳动变成了孩子们欢乐劳动的节日。在做好了播种的准备工作后,却发现没有能按宽的行距一簇簇地播种的播种机,孩子们于是决定手工撒种。在一个晴朗的、温暖的日子,所有的小组成员在学校院子里集合,几乎所有的人不约而同地穿上了节日的服装。一个小时就完成了工作,但孩子们不打算各自回家。我发现他们很想进行一番畅想。他们邀请我到一棵老梨树下,这里是他们最喜欢进行倾心交谈的地方。我们开始想象共产主义时代的人将是什么样的。他们互相提问,反驳,但对一个问题不约而同地达成了一致:未来的优秀的人的特点,像岩层中宝贵的金子那样,散落在今天的人的心灵和事业中。我向孩子们证明,在共产主义社会每个人都将成为伟大的、独一无二的创造者。我想起了高尔基的一句话:"将有一天,人们将相互欣赏,每个人都将是其他人的明星。"

每个小伙子和姑娘因自己的劳动包含着某种新的东西，自豪感在他们心中油然而生。格里沙每天去农田，他把它称为"金色麦穗"；他希望他的小麦能与其他地块上的小麦有所不同。当他找到不同之处时，他很高兴，如果这种区别是他努力的直接结果，他就更欣喜若狂。

孩子们开始为秋季追肥做准备。有一次大家都来到了农田，一起回到学校并畅想，这次不是在梨树下，而是在温暖的、舒适的房间里，围坐在熊熊燃烧的炉火旁。

孩子们急切地等待着春天的降临。凡是去看过我们农田的人，都对作物的形状和非同一般的丰硕感到震惊。每一簇中都长出几十根茎，叶子很宽、很壮。尽管冬天很冷，但没有一株作物死掉。当一簇簇的麦子尚未连成非同寻常的硕大的麦穗的海洋时，我们进行了几次行间中耕。收割之前农田里没什么事可干，我们到那里去仅仅是为了欣赏自己的劳动。

在格里沙的生活中，可能没有比在"金色麦穗"上收割的那一天更快乐的节日。太阳还未升起，所有的小组成员就已早早地来到学校。为了不丢失一颗麦粒，他们决定手工收割。他们小心地割下麦穗，把它们捆成小捆。几天后脱粒，他们既高兴又不安地看着饱满的颗粒被装进口袋。孩子们的目标达到了。300捆麦穗打出了3公担金黄色的饱满麦粒。

这个时候正好发生了一件对格里沙的生活产生重要影响的事。集体农庄安排他的父亲负责收集蚕茧，在送到收购站前，应把蚕茧放到炉子上烤一下，以防止蚕茧的蛹变成蚕蛾。格里沙帮他父亲干活。

有一天，父亲准备好了要送走的5公担蚕茧。他委托格里沙把它们运到收购站，但在发货单上只写了1公担。这让男孩感到很奇怪。除发货单之外，父亲还在信封里装了一张给收购员的字条。格里沙感到有些不对劲，在去收购站的路上，他打开信封，读了字条。字条上写着："按照约定送来4公担。星期日见面。应把全部账目结清。"

"当我读到这张字条时，我的眼前发黑了，"格里沙说，"我勒住了马，不知道怎么办。草原上黑乎乎的，远处响起了拖拉机的轰鸣声。我开始为自己有这样的父亲感到心痛。我掉转了马头，不是跑到收购站，而是跑到区中心。当我到了那里时我想：我去对谁诉说我的痛苦呢？最初决定去找警察，后来害怕了，因为担心父亲可能会蹲监狱，而我希望他成为一个好人。我跑到区共青团委，在少先队集会时我去过那里。区共青团委书记读了这张字条，听了我的叙述。他说应该去党委。不得不再次说一遍……说我父亲的坏话，我心里是多么难受……"

格里沙请区共青团委书记陪他一起回家，因为他害怕见到父亲。

格里沙以为当父亲知道了发生的所有一切之后会大发雷霆，把他赶出家门。然而父亲却显得可怜、害怕，甚至脸色苍白、消瘦，背也弓了起来……儿子忍不住了，哭了起来。"我想拥抱父亲，让父亲振作起来，对他说些安慰的话，请他成为一个诚实的、开诚布公的人，"格里沙说，"多么希望不惩罚父亲！我感到他永远不会再向公共财产伸手了。"

父亲好几天没出家门，他不好意思见到人们。格里沙把他的耻辱当作不幸，男孩知道，有些农庄庄员谴责他的行为。他注意到人们不止一次小声地说："出卖父亲，这是什么儿子。"他没听到，但能感觉到这些话。

很难说清在这些日子里父亲反复思考些什么，有一天清晨他找到管理委员会主席，并说：

"如果您能相信我再也不会向公共财产伸手的话，就请您原谅我。"

主席开始说，可能这事要由法庭来审理，但父亲打断了他：

"现在我已不害怕任何法庭了。最严厉的法官已经审判了我并原谅了我。"

"这个法官是谁？"主席很诧异。

"儿子。"

人们可能也感觉到格里沙的父亲会变成另外一个人，把他留在原来的工作岗位上，但他本人不同意。他说："张罗蚕蛾，这太轻松了。给我困难一些的工作。我想种植甜菜。"在甜菜种植小组中工作的主要是妇女，这确实是最繁重的劳动。格里沙的父亲是第一个从事甜菜种植的男子。儿子成了父亲的第一个助手。

八年级结束时，少年们被分配到农庄的各个小组中进行暑期实习，格里沙请求把他分到父亲的小组中。

在物质财富和精神财富涌来的同时，人们在自己身上创造了道德财富——真正的人类的美。这时共产主义来到了。这些点点滴滴的财富现在像珍贵的宝石那样闪闪发光。这就是人,对他们来说,生活的主要目的是为人民服务,为人民的幸福而进行创造性的劳动。他们生活在我们中间,他们火热的心召唤我们攀登人类所完善的顶峰。他们中的一些人全国知名,而其他人,仅仅自己的村子、地区、车间、生产队知道他们。这些人应该成为所有人尤其是年轻一代的指路明灯。

学校教孩子们看真实的世界,但不应忘记,首先应该教会他们看美好的东西,而其中最主要的是心灵、行动和行为的美。从孩子到学校的第一天起,我们就应该激发他内心中对理想的人的高尚和美的感悟,让他们受到鼓舞;让孩子们为加里波第①的勇敢,为约翰·布朗②对自由的热爱,为共产党员伊万·巴布什金③、卡莫④、尤利乌斯·伏契克⑤的大无畏而欢呼雀跃吧!所有这些人的功绩都是

---

① 加里波第(1807—1882),意大利民族解放运动领袖、军事家。——译者注
② 约翰·布朗(1800—1859),美国废奴主义者、约翰·布朗起义的发动者。——译者注
③ 伊万·巴布什金(1873—1906),列宁的学生。他是工人解放斗争协会的积极成员,参加过列宁《火星报》的组织工作,屡遭逮捕、监禁、流放,1906年被沙皇军队枪杀。——译者注
④ 卡莫(1882—1922),职业革命家,布尔什维克,曾4次被沙皇政权判处死刑。1922年因车祸逝世。——译者注
⑤ 尤利乌斯·伏契克(1903—1943),捷克卓越的政治家、作家、民族英雄。第二次世界大战期间,他任共产党秘密的党中央委员会委员、党的机关报《红色权利报》的编辑,1943年因叛徒出卖被希特勒处死。他在希特勒的监狱中写成了《绞刑架下的报告》,此书在世界上享有很高的声誉。——译者注

人类的道德财富。不妨让他们产生使自己不安的想法："我们的时代会有这样的人吗？每个人都会成为优秀的人吗？我能否成为优秀的人？"如果正确地进行教育，如果学校严肃地在儿童身上塑造审美观，这些问题必然会产生。这些问题促使少年环顾四周，思索他身边发生的一切。

教育者应该帮助他，向他指明生活中的美。少年越深刻地相信每个人都能成为优秀的人，他对周围世界的态度就越积极。他们在心灵深处会对不道德的行为感到深恶痛绝，他们会把似乎与他个人无关的事情紧紧地放在心上。他希望所有的人都是诚实的、正直的。他成为人的斗士。

共产主义为每个人的全面发展开辟了广阔的前景。每个人都应该在物质生产领域中，或者在创造精神财富中，成为独一无二的创造者。但是，没有伟大的道德就不可能有人的这种独特性，我们应该做到让每个人都去追求道德理想。

成为照耀别人的一束光

母亲和父亲总是在工作,姥姥成了奥利娅最亲近的人。

清晨一睁开眼睛,她的眼前总有姥姥慈祥的笑容。晚上,每当瞌睡虫抓住了小姑娘并把她带到远远的什么地方去时,妈妈匆匆吻了吻她,祝她晚安;但最宝贵的瞬间在这之后才到来:姥姥坐在床沿上,把奥利娅的小手捧在自己温暖的、皱纹密布的,也是小小的手中。她不讲故事,也不唱催眠曲。她说一些平常的事,说说今天或者过去某个时候某种困扰过她的思想。她与孙女分享自己的快乐,或者与她分享痛苦,小女孩的心中充满了自豪感,因为老太太把自己的秘密信任地告诉给了像她这么小的小姑娘。"我的背痛得很厉害,大概要下雨了……妈妈给我们两人都买了新东西,给你,孙女,买的是手套,而给我,买的是毛袜……"让奥利娅感动的与其说是这些话的含义,不如说是慈祥的语调。

姥姥 80 岁了,奥利娅 9 岁。女孩试图想象姥姥年轻时的模样,但想象不出来。每年家里都要庆祝奥利娅的生日。大家都为这一天做准备，爸爸和妈妈一个月前就开始谈论这一天。奥利娅知道她将会得到礼物，而且这些礼物通常都是突然给她的。姥姥第一个来祝贺。她也送奥利娅礼物，她的礼物从来不大，很简朴，但不知为什么更能让小姑娘激动。

上一次她送给奥利娅一条蓝色的丝带，小姑娘把它保存在自己的无价之宝中。在她的脑子里，甜蜜的回忆是与这些礼物联系在一起的。姥姥亲吻奥利娅，祝福她，希望她身体健康，拉拉她的耳朵，这时奥利娅问：

"姥姥，什么时候是您的生日？"

"不知道，小孙女……"姥姥回答。

"为什么您不知道？"奥利娅感到奇怪，"难道爸爸妈妈没告诉您？难道他们没把这一天记录在笔记本中？"

"谁也没记住生日，从前顾不上这个，我不仅不知道自己的生日，我还不记得父亲和母亲的生日……"

姥姥再也不想说什么了。在孙女坚持不懈的请求之下，她才开始回忆自己艰苦的童年，在奥利娅面前打开了一扇通向遥远的、奇怪的世界的窗户。如果姥姥没有生活在这个世界上，奥利娅就会把听到的这一切当作童话故事。但这是真实的，是可怕的真实。姥姥变得更可爱，更亲切，要知道她受了多少苦啊！

"姥姥，让我们把您的生日定在我生日的前一天，"奥利娅说，"我去对爸爸妈妈说。"

姥姥笑着回答："为什么要这么费事？也许我活不到你的下一个

生日……"

"怎么会活不到？"奥利娅大吃一惊。

"是这样的，我会死的……已经老了……"

"不，姥姥，不要死，"女孩紧紧地依偎在姥姥的胸前，悄声地说，"我是多么爱您啊！"

夏天到了。每天都有那么多有趣的事情，小姑娘觉得每天都像是无限之久的。她很少见到姥姥，但感觉到姥姥身体不好。老太太连续几个小时坐在太阳底下，晒着自己的双脚，她早就开始抱怨脚冻僵了，变木了。

一天晚上，奥利娅回到家得知姥姥去了邻村的姨妈家。她的心感到了某种不祥。"她怎么走了？"奥利娅很吃惊，"要知道，她的脚痛得厉害。"

母亲回答说，姥姥想看看自己的大女儿。这句话含着某种没说出来的意思。女孩想，可能姥姥的身体更不好了，她走了，为了不让小孙女因自己的病而伤心。

"我明天去看望姥姥。"奥利娅说。

妈妈开始安慰她，过两天就要开学了，应该准备一下。但奥利娅不想听。她认识路，如果姥姥平安无事，过两天她就去上课。女孩看到，母亲不喜欢她的决定。她第一次对母亲的话的真诚和公正产生了怀疑，不知为什么她认为是母亲说服姥姥去尼娜姨妈家的。

一小时后，奥利娅走到了姨妈家。所有的人都在工作，没有人来迎接她。在两个大房间里，小姑娘没有找到姥姥。她打开了一扇小门，走进阴暗的耳房，那唯一的小窗用被单挡着。适应黑暗之后，女孩看到了姥姥，她躺在一张低矮的木床上。她的脚在阴雨天之前通常都要裹上暖和的披巾，而现在她的脚上只盖了一条旧的粗呢小被子。甚至姥姥的衣服，奥利娅都觉得是没见过的，是破旧肮脏的。

奥利娅抱紧姥姥，亲吻她。"为什么您躺在这里？"她问，"为什么您穿这样的衣服？您的毛披巾去哪里了？"

老太太用慈祥的目光看着她，泪水沿着布满皱纹的双颊淌了下来。

"我哪儿也不痛，亲爱的小孙女……现在我身上很轻松。你，我的小金花，不要忘了我。"她喜欢叫奥利娅"小金花"。

"为什么您躺在这里，而不躺在房间里？"奥利娅又问。

"唉，小孙女，你还什么也不懂，坐在我身旁，与我告别，然后回家去。我快要死了……把我留下，你应该想你自己的事情。我没病，但我的时限越来越近了。"

直到这时奥利娅才明白了所发生的一切可怕的真相。小姑娘坐到床上，紧贴在姥姥的胸前，号啕大哭起来。稍微平静后她说："姥姥，您会好起来的。在您能起床前，我不能丢下您。以后我们一起回家。只要您的健康不恢复，我就不上学。"

奥利娅把被褥从阴暗的耳房搬到了明亮的正房。不管姥姥如何拒绝，她必须躺在靠窗的床上。女孩打开了窗，在窗台上放了花朵。她找到毛披巾，把它盖到了姥姥的脚上。她煮好了茶，坐到了床边，开始讲农村的新闻。

晚上尼娜姨妈回来了，看到母亲在正房中似乎在向外甥女表白，她吃了一惊。她开始抱怨老太太不愿躺在床上，自己找到了那张已被遗忘的木床。

晚上姥姥久久没有睡着,听着奥利娅给她读关于青年近卫军战士的新书,这使她想起了牺牲在前线的儿子们。

奥利娅不仅给姥姥吃了蜂蜜、果酱和家里自制的饼干,还试着给姥姥治病。根据以前给老人治过病的医生的建议,她把糠放在炉子上加热,然后把它们倒入一只小口袋里,再把这只装着热糠的小口袋放在姥姥有毛病的脚下。

三天过去了,奥利娅忘记了已经开学,姥姥已经好多了。到了第四天,姥姥要求奥利娅回家,她担心小姑娘会落下学校里的功课。

"一起回家!"孙女坚持。

"不,我还走不动。"姥姥回答。

奥利娅继续给姥姥治病。一星期后,她们一起回家了。

姥姥恢复了健康,奥利娅只顾着高兴,因此很多事情没有发现。她没有注意到,妈妈很不情愿地迎接她们,几乎没对姥姥说话,没询问她的健康状况。如果奥利娅知道在姥姥生病前一天妈妈对姥姥说了些什么,小姑娘的心肯定会气愤的,纯洁的、高尚的情感会反抗冷酷的理智和精明的算计。

姥姥知道自己成了女儿家里的负担。任何人没对她提到一个字,但感觉提示老人,除孙女外的所有人都期待她早点死。在收拾东西准备去大女儿家时,姥姥说:"我感到我快死了。不想让奥利娅看到我死。我去尼娜家。"

母亲没说一句话。告别时,她稍微掉了几滴泪,在送老太太时她的脑子里已开始盘算起经济方面的事情来,如怎样埋葬母亲,要通知哪些亲属。

姥姥的大女儿尼娜立即明白了母亲为什么要来。她安排老太太睡在明亮的房间里，但老太太不同意："把被褥放在小储藏室里。不应该挤你们……我剩下的日子不多了……"在她的心灵的深处暗含着一种希望，希望女儿不同意她的意见，但女儿默许了。从那一刻起，姥姥感到她实际上已离开了人世。连续两天她几乎没吃什么东西；女儿来看过她几次，问她感觉怎么样，提议去请医生。姥姥明白，女儿说这些话只不过出于面子，因此，她的心情变成难以忍受的沉重。

奥利娅来了，让她又活了过来。孙女没有表现出同情，因为她不会这样做。小姑娘的内心有着炽热的愿望：姥姥应该活着！小姑娘坚定不移地相信：姥姥只不过是病了，就像她以前曾多次这样地病过，只要好好地关心她，她一定会好起来的。这种愿望和信念就是战胜死亡、使生命的微弱火花重放光彩的力量。

奥利娅上学晚了10天。老师问她："这些天你到哪里去了？"小姑娘想诉说自己的痛苦——姥姥病了，倾诉自己的快乐——姥姥恢复健康了，但老师严肃的目光吓得她发抖。她喃喃地吐出了几个字："姥姥病了，我不能丢下她一个人。"

老师感到奇怪："姥姥病了！你就因为这个待在家里？"

老师说这些话的语调令小姑娘大为惊愕，她什么也没回答。

在漫长冬天的夜晚，奥利娅读书给姥姥听，有时候姥姥打断她的阅读，对她讲自己的故事。她讲述自己艰难的生活，就像讲某种已过去了的事情，这让奥利娅感到很不安。在她心灵的某个深处一直存在着一种担忧，害怕姥姥快死了，但小姑娘把这种想法从自己的头脑中驱赶出去。她想让姥姥对某种东西产生兴趣，想唤醒姥姥心中对今天正在发生的事情的兴趣。每天从学校回来后，她都要把自己同学的快乐的或伤心的事情讲给姥姥听。有时候姥姥的眼睛会亮起来，她开始讲一些快乐的事情。奥利娅千方百计地想延长这样的时刻。

春天来了，太阳晒得又暖洋洋的，樱桃开花了，草地里又开始了喧闹。暑假接近了。在炎热的日子里，奥利娅喜欢去她家旁边的森林。她总是带上姥姥一起去。

在一次这样的散步之前，姥姥缝了一只亚麻布的小口袋，因为奥利娅要采集椴树花。当老太太打算休息时，小口袋已经装满了。她坐在树墩上，请奥利娅把披巾盖在她的肩上。

"奥列奇卡[①]，我要死了。"小姑娘听到了轻微的、喑哑的声音。

奥利娅还没来得及看她一眼，姥姥就倒下了。安详的、小小的她，倒在了草地上，小姑娘大哭起来，叫着妈妈。邻居跑来了，帮着把姥姥的遗体搬回家里。

姥姥的死对奥利娅的打击很大。在她的眼里再也没有亲人了。

我记得还在摇篮里的奥利娅，我也记得奥利娅迈出的最初几步，我永远也不会忘记姥姥去世前后奥利娅内心的感受。现在她在十年级学习。在她的所有女伴和同学中间，奥利娅具有非常鲜明的特点，敏感、有同情心、热忱。

---

① 奥列奇卡，奥利娅的爱称。——译者注

我想了很多问题，是谁培养了姑娘这样的品质？是如何培养的？家庭生活的环境使姥姥成为她最亲爱的人，姥姥在孩子的心中植入了人性的火花。

我们教育的理想是培养崇高的共产主义觉悟，我把这种教育理想设想为具有非常高的敏感性，这就是说，一个人在考虑自己该怎么行动之前，要听从自己心灵的召唤去正确地、高尚地行动。对于这样的敏感性的培养起决定作用的，是在童年和少年时代发展并升华的情感。重要的是，要使孩子有亲密的、知心的朋友，他可以无私地把自己心灵的财富奉献给这样的朋友。更为重要的是，他的长辈中的某个人应该成为他的这样的朋友。如果孩子没有体验到因自己的关心而使别人快乐从而产生的快感，如果他的心不因年长的朋友的痛苦而痛苦，他就会成长为一个冷酷的、斤斤计较的利己主义者。在我们中间，这样的人很多，这些人发现不了别人的不幸，不知道应该有同情心，不知道应该把自己的同情心从自私的盘算中"释放出来"，他们希望因自己做了好事而得到别人的表扬。遗憾的是，许多教育工作者和家长助长了冷冰冰的精明算计以及对好的和坏的行为进行的毫无感情的逻辑评价。教师常常教导孩子要与人为善，但他却毫不关心孩子的心灵对周围世界的反应。

在许多学校中，孩子们承担了帮助老年人和残疾人的工作，但他们常常把这项工作看成枯燥乏味的、令人生厌的义务。常常有这样的情况，某个孩子为了完成十月儿童小组或少先队中队布置的任务就给老人提水，准备柴火，然而这些事情老人们自己都能干，而他自己的受着风湿性关节炎折磨的奶奶，却在吃力地为自己心爱的、始终在忙着社会工作的孙子刷鞋、洗衣服……

那个孩子们希望父母尽早去世以便得到他们财产的可怕时代已成为过去，但旧社会的残余还存在于人的意识中。这种残余最鲜明的表现就是冷漠无情，孩子发现不了父亲、母亲、爷爷、奶奶的悲欢。有时候他甚至想，爷爷和奶奶已经活够了，该安息了。这种想法中隐藏着真正的残忍的幼芽。

在有些家庭中，年轻的家长千方百计地把爷爷和奶奶从家庭的精神生活中排挤出去。不久前，我读了一位学者论述共产主义社会的一篇文章。他写道：在共产主义社会中，老年人将居住在为高龄者专门建造的住所里。如果我们向年青的一代灌输类似的思想，那么，我们就没为他们干好事。想象一下，所有的老年人居住在为高龄者专门建造的住所里是什么样的一种情景。这是一个多么冷酷、过分理智、毫无人性的社会！无论是现在还是将来，都不可能是这样的。

共产主义——这首先是人性得到张扬。在我们的社会中，最宝贵的是人的生命，欢乐的分分秒秒、日日月月，人到年老时，这样的人生给予他的主要不是物质财富，而是亲人们——儿女、孙儿女的爱。大家都知道，老年人对自己子女所表现出的对他们的关心和温情变得分外敏感。儿孙们对老年人的关心给予了他们最宝贵的东西，这就是生活的快乐。

在孩子有意识的生活刚一开始，就要向他们教导一种思想，即要他们做好为高尚的社会目标而工作的准备。对共产主义理想的忠诚、爱国主义、高度的原则性、诚实、正直、谦虚——所有这些精神财富都是从小事开始的，从对人的由衷的尊重开始。没有对作为人海中的一滴（即一个具体的人）的真诚的、忘我的爱，就不可能成为一个忠诚的人。如不把自己心灵的温暖奉献给其他的人，既不能成为祖国的真正爱国者，也不能成为一名为全人类最美好的未来而奋斗的战士。

"成为别人的一束光，让自己放光，这就是人所能得到的最大幸福。"捷尔任斯基的这段话包含了真正的共产主义人格教育的大纲。学校和家庭的任务就是要在每个孩子身上掘开美好情感的无限宝贵的源泉，要让他心灵的光辉照亮其他人昏暗的道路。

但是只有人心甘情愿地奉献自己的精神财富时，这样的情感才可能闪耀魔术般的光芒。培养好人，就是说要培养他的真善美。如果能用命令和指示来进行教育，那么困扰现在的社会舆论的绝大多数问题早就不存在了。其中的许多问题至今仍是障碍物，正是因为成人常把自己的意志强加于孩子，而孩子自己的意志力量尚未苏醒，有时甚至遭到抑制。常常有这样的情况：少年喜欢与年龄小的孩子一起玩，他忘了自己已经15岁了，而他的同伴只有7岁，游戏迷住了他。但他听到了教育者的讽刺：真有出息，跟小孩儿一起玩……难道你没有更像样的兴趣吗？教育者根本就没想到，少年与年龄小的孩子们一起玩不是为了自己，而是为了他们。他想给他们带来快乐，在这一时刻，美好情感的幼芽正在他的心中生长。一个孩子没能来上课，他的小妹妹病了，父母把男孩留在家里照顾生病的妹妹，后来又让他去买药……男孩平生第一次体验到对软弱无力的小妹妹表示怜爱的情感，也是第一次体验到因自己能帮助她而产生的自豪感,他想为妹妹做点什么。如果教师关心他妹妹的健康并帮助他,他将会多么高兴啊!但教师问他缺课的原因,要求男孩拿出家长的书面证明。教师认为,对学生的严格要求才是真正的关心。事实上,他亵渎了孩子的美好情感,践踏了他的感情。

共产主义社会衡量人的精神是否高尚的尺度是他为别人做了什么。在这种奉献中,最重要的是心灵的温暖、心灵的善良。

朋友温存的气息

在9年之内,我写满了3本厚厚的笔记本,做了成千上万条的笔记。所有这一切都是关于一个人的命运,这个人就是尤拉。我隐去了他的真实名字,不想向人们公开这个人艰难的、有时是可怕的生活。今天,当我写完这本书的时候,他已满18岁,我深信,他正走在一条笔直光明的道路上。

在尤拉进入我的生活的时候,他是一个小时候就被一些凶恶且冷酷的人抛弃的、听天由命的孩子,他悲悲凄凄、毫无希望地号啕大哭。我热切地向所有真诚的人呼吁帮助,把他从泥沼中拖出来,保护他的生命。他的命运尖锐地提示我们,绝不可对任何人置之不理,让他独自面对自己的痛苦、忧虑和疑惑,更何况这个人是个孩子。

我深信,所有孩子的心都向善。没有一个孩子的天性是要恶意地让别人讨厌他。如果我看到孩子有警惕的、凶狠的目光,我的心就会绞痛。很明显，本该用来触摸孩子敏感的心的充满爱意的手，被粗糙的、毫无情感的手代替了，小小的心起初还在突突地跳动，先感到痛，后来变麻木了，而要激活这颗心，需要付出的善良和人性，比起孩子还不知道何谓恶的那一瞬间、那一分钟、那一时刻要多上千倍。

如今，在思考尤拉的命运时，我想起了他在生活中经历的最不容易的、最危险的转折。在我的脑海中出现了草原上的一朵紫色的小花，它的花瓣只有到晚上才开放。传说这种花有时白天也开放，但必须具有非常适宜的条件：温暖的，但不是火辣辣的阳光，尤其在雨后带有潮气的暖风。这种花瓣只开几分钟，飘散出一种独特的芳香。只要太阳的光线烫着紫色的花瓣，花瓣就会合上，只有在温柔的晚霞的照耀下才会重新开放。这种花让我想起了尤拉细腻敏感的心灵。

1951年秋，他进了一年级。他是一个人来的，没有母亲的陪伴。我们知道，他的母亲忙于自己的事情，对儿子毫不关心。男孩在3岁前与姥姥一起生活，他看到了姥姥的死，姥姥的去世让他非常悲痛。小小年纪的他在家中看到了许多对他的性格和行为不宜的东西。母亲结过两次婚，又离了两次。男孩的心灵中出现了什么，他的兴趣是什么，他的理想是什么，我们对这些一无所知。

欢迎一年级学生是我们的传统节日。男孩们和女孩们站在运动场上，他们都激动万分、兴高采烈，因感到幸福而双眼放光。站在他们面前的是家长、教师、高年级学生。十年级学生向孩子们祝贺节日，送给他们礼物——一本签有赠书者名字的书和一件玩具。

我看到尤拉是多么紧张、多么全神贯注地听着贺词。"为什么他皱着眉？"我想，"得到礼物时他的目光可能会柔和一些。"但孩子们的欢乐并没有打动他的内心。男孩默默地看着鲜艳的封面和带发条的玩具。由于内心的一些隐痛，他的脸色阴沉沉的。我的目光已离不开这个孩子了。他的目光与我相遇，我不知道他在我的目光中看到了什么，但他的脸色马上变得神秘莫测，他的目光是冷冰冰的。孩子们把礼物抱在胸前后各自回家。尤拉走到铺着红桌布的桌子前，把书和玩具放在上面就回家了。一位教师猜测这个男孩不喜欢礼物，因为他不满的表情就像那些任性的、娇生惯养的孩子通常所表现的那样。我不明白这种行为的原因，但感觉到问题不在于任性，而是某种更深刻的、更严重的原因。什么原因呢？为了找到正确对待这个男孩的方法，必须尽快找到原因。

晚上，我去了尤拉母亲的邻居家，他们告诉了我尤拉与母亲之间的一些事情，他们告诉我的虽然是一些隐秘的、完全属于个人的东西，但它们会随时暴露出来，不易察觉的行为特点已变成周围许多人都已知道的事情。

旁人最初会觉得这个小家庭一切正常，男孩衣食不愁，母亲留意不让孩子无所事事，尤拉帮母亲做事。但孩子失去了最重要的东西——爱、由衷的关心、体贴、人性的抚爱。母亲不爱他，她对儿子无动于衷，只考虑自己的生活。

邻居告诉我，孩子在生活中受到的心灵重创正是与礼物有关。姥姥去世后，男孩就与母亲生活在一起了，过了几个星期出现了一个人，如孩子们对尤拉所说的，这个人不是尤拉的亲生父亲。这是第四个没有心肝的人，他把尤拉看作他与他的母亲之间将可能发生的事情的不受欢迎的见证人。母亲忙于自己的事情，根本没把孩子放在心上。孤独感让他感到压抑。他尽量去接近继父，尝试与他交流自己的兴趣，但没有得到回应。继父确实给尤拉买过许多玩具，但男孩感到，他是想用玩具来换取他的友谊、好感，这深深地刺伤了他的心。

有一天，继父拿来一个昂贵的上发条的玩具——玩具汽车。他一声不吭地把一包东西塞给了尤拉，宽宏大量地拍了拍男孩的肩膀，就走到母亲那里，在自己身后紧紧地关上了门。男孩呆若木鸡地站在那里。他的心在抗议这种冷漠和残忍。但如何表达抗议呢？他弄坏了玩具，把它扔到角落里，那里横七竖八地扔了一大堆破损的玩具。孩子想让母亲和继父注意到他的行为，但他们既没有发现破损的玩具，也没有注意到孩子的情绪。这更深深地伤害了尤拉的自尊心。他开始对继父无礼。继父又给他买新玩具：他带回来长毛绒狗熊，狗熊的眼睛睁得大大的。继父期待着，男孩一打开盒子就会高兴起来，但尤拉对礼物不屑一顾。他想，他佯装出来的对礼物的冷漠态度会让母亲和继父感到不安，但他们对此心平气和，心安理得。第二天继父把玩具狗熊还给了商店。

孩子心中隐藏的愤恨发展成对人的不信任是最可怕的缺陷。这种缺陷伤害儿童的心灵使他变成了孤僻的、寡言的、不近人情的人。被凶狠吞噬的心变得对虚伪、不真诚、不公正有一种病态的敏感。继父或母亲的任何小小的意见都被尤拉看作恶意或嘲笑，母亲害怕儿子发火就尽量少与他说话，而继父干脆就不再理他了。母亲和继父认为，孩子孤僻和凶狠的原因是他的不好的天性。

两年后，继父还是离开了母亲。这时男孩希望母亲能与他亲近些，但母亲对儿子正在做什么和在哪里仍然很少关心。有一天他在与孩子们一起玩的时候把脚弄破了，伤得不轻。母亲给他包扎了伤口，但一句也没问尤拉感觉如何，脚疼不疼。

在尤拉上学的前一天，母亲又结婚了。新继父也是尽量用礼物来博得尤拉的好感，他买了一辆小自行车。拥有一辆小自行车还是尤拉两年前梦寐以求的理想，但现在当他看到继父手中昂贵的礼物时，他的脸色发白，而继父的眼睛流露出这样的神色：警惕的期待，洋洋自得地预感到孩子会欣喜若狂，准备以矜持的、宽容的夸奖来回答孩子的欢欣，但尤拉碰也没碰自行车。

从尤拉母亲的邻居家回来时我想，尤拉就是这样一个有自尊的人，他渴望的是最普通的同时又是最无价的人的礼物——温存和爱。在我们的社会中最可怕的事情就是生活在人们中间却看不到他们，尤拉恰好不幸地生活在这样的环境之中。他拒绝了来校第一天的小礼物，以此来表现自己的人的自尊。至今为止礼物带给他的只有痛苦，他找到了以他的眼光看来是更可靠的保护自己的手段。与此同时，我认为他的行为是一种呼叫、一种哀号，孩子似乎在说："帮帮我，我生活在铁石心肠的、没有心肝的人中间。"

应该尽快给予帮助，去拯救这个可能会对所有人都冷酷无情的人。童年时代就有这种凶狠的情感是多么危险，这个年龄的孩子还不懂得罪恶的根源是什么！无私、善良、抚爱，所有这一切在他那里似乎都变成了自私的狡猾的伪装。他对行为动机已形成了一种误解。在冷漠和冷酷的气氛中，虚伪、在行为尤其在情感的表达上的精明算计，对儿童心灵的伤害尤其严重。在心中没有真正的善和人性的人，会反复权衡利弊，判断应该如何行动才能让别人认为他不是坏人。他酌情"释放一份善"，但这种善是假惺惺的，早就算计好会因此得到感谢。这样的人用自己的"善"把其他人变得丑陋，尤拉的两个继父恰恰就是这样的人。

该怎样帮助尤拉呢？

开始上课了。我留意观察这个孩子，又非常担心他会发现我在观察他。我寻找与尤拉成为朋友的机会，但这个孩子的心即使对真正的善也会做出病态的反应，应该用一种独特的方式去帮助他，不能把自己的友情强加于他，也不能对他说安慰的话，也许需要这样的时刻：他需要我的帮助，寻找与我的友谊。

九月的某一天，静谧而阳光明媚，我们决定不在教室上课而去远足。森林、河流、田野等各处都在孩子们面前展示了许多非同寻常的新东西。孩子们兴致勃勃地观察了狐狸洞、兔子的"床"和飞到南方去的野鸭过夜的地方。

我随身带着一个小小的、长方形的自制木盒，我对它寄予了很大的希望。我从童年起就有一个爱好，收集矿物、岩石。在到学校工作前，我已积累了许多小石头、古代动物的化石。关于这件事我没告诉任何人，甚至不好意思向最亲密的朋友展示自己的收藏品。每年夏天我都要到河岸去寻找新的发现，考察山岩。我不得不多次重做小盒子，用薄三合板分成几格，不知为什么我喜欢在三合板上烫出别出心裁的、取材于原始人生活的图画。

现在，我敢于把自己的宝贝拿出来给孩子们看了，因为我想可能会侥幸在某个孩子心中激发出对探索和勘探大自然的财富的兴趣。在我心灵的某个深处隐藏着一种希望，希望尤拉会对我的宝贝感兴趣。

我们坐在河岸旁时，我告诉孩子们许多年以来我们的河流是如何改变自己的河床的，我在这里找到了一些从沉积物中冲洗出来的有趣的小石头和化石。后来我打开了自己的"神奇的小盒子"。我的期待没有落空：不必羞于告诉孩子们自己的爱好，孩子们欢呼雀跃。我忘了自己是教师，他们是学生，也忘了尤拉是"教育对象"。与他的目光相遇时，我看到的只是一个充满好奇心的小男孩，他甚至惊奇得张大了嘴巴。孩子们传着小盒子，一会儿的工夫小石头都分散到他们的手中了。孩子们互相交换，观察着这些石头。然后他们小心翼翼地把这些小石头放回盒子里，接着就一窝蜂似的喧闹地在河岸边散开了，因为他们中的每个人都曾经看到过某种类似的东西，现在所有的人都想找到什么东西拿给我看。我走向峭壁。五分钟后第一批少年地质学家跑到我面前，他们非常自豪地谈论着自己。在他们的手中捡来的各种各样的东西在闪闪发光。我并不期待有什么新的发现，但突然有个孩子拿来了一块红色的晶面严重磨损的小石头。"它躺在水里。"当我屏住呼吸仔细地观察这块石头时，孩子们解释说。简直不可置信，但我的手上确实是一小块铁矿石。我知道，农民很早就在沟壑和河岸的地层里发现过铁矿，但所有这些发现都在离我们村 30 公里远的地方。这就是说，在离我们不远的某个地方有铁矿，矿离地表很近，受到河水的冲洗。

我们把红色的小石头放在盒子里最显眼的地方。孩子们听我讲述每块石头找到的地方。在我捡来的这些东西中最吸引孩子们的是一块鸡蛋那么大的一大滴透明的已凝固的松脂。

"我们走吧,如果想找一找这些'树脂泪'的话。"当尤拉问我能否找到有这种松脂的树时我对他说。他很激动,双颊因高兴而潮红。我也很高兴,这一滴透明的、芳香的树脂,对你,我的尤拉,是多么好啊!透过它,世界就像橙黄色的童话中的东西,比长毛绒狗熊、比自行车更珍贵,因为你已开始为踏上令你焦虑的征程做准备,你想象自己已经在征程上,在初秋幽静的黄昏的夜晚,篝火快乐地噼啪作响,你听着睡在你身旁的朋友的温和的鼻息声。

"什么时候去?"他问,我觉得这个孩子在担心他心中激荡的热浪是否会猛退,抛下他连同他的希望。

"我想,我们星期六去吧,"我回答,"森林很大,要在那里过夜,星期日回来。但是要征得妈妈的同意。"

尤拉的脸上掠过一道阴影,脸变白了。他在想自己的事,而听着我们谈话的那些小男孩可能会不相信自己的耳朵,难道老师真的会与尤拉一起去森林?

母亲对尤拉的请求抱着无所谓的态度,而继父一般不过问男孩打算去哪里。我们星期六去了森林。我感觉到在森林里尤拉已经忘记了自己这次旅行的目的,各种各样的鸟、小松鼠和昆虫吸引了他的注意力。我们的心思都在蝴蝶和小甲虫身上,夜幕在不知不觉中降临了。我们做着过夜的准备:点起了篝火,支好了帐篷。我所知道的那个忧郁的、少言的尤拉,现在叽叽喳喳地说个不停,赞美落日的美，赞美蛐蛐永无休止的歌声。

晚上，护林人迎着我们的篝火走来了，我们邀请他一起吃晚饭。他说，他知道哪里有像装饰着新年玩具一样地装饰着琥珀冰挂的松树。原来我们走的方向完全不对。护林人告诉了我们森林中许多有趣的事情，告诉我们他与狼、狡猾的狐狸打交道的事情，一直讲到半夜。护林人走了，而尤拉怎么也睡不着；他裹在温暖的被子里，不住地问是不是快天亮了。

我们被太阳叫醒后，洗了脸，吃了早饭，然后就去了童话中的琥珀冰挂世界。

尤拉看到的第一滴松脂像鸽子蛋那么大。他高兴地叫了起来，他想爬到树上但失败了，原来松脂还没凝固，从树的伤口中还在不断地流出来。不过，男孩并没有为此感到难过。

我仔细地观察树干，发现了一滴形状奇特的松脂，它像一只青蛙。松脂已经凝固了，我们小心翼翼地割下了它。尤拉把我们的第一个战利品放进了一只用胶合板制成的小盒子中，这只盒子是在校办工厂中专为他制作的，他不知道，这个给他的小礼物已在我的包里放了好几天了。当我给他这只小盒子时，男孩的目光变得温和了，他道了谢，把礼物紧紧抱在胸前。

在找到第一件东西之后，紧接着又找到了第二件、第三件。大多数松脂还是新鲜的，我们察看后，决定把它们留到明年秋天。尤拉找到了一滴像月牙的松脂。在他的小盒子里已经有几样东西了，他突然醒悟过来：我为什么没拿一滴松脂作为自己的收藏品？我说，我有很多，但男孩坚持要我拿那块给他带来那么多欢乐的琥珀色的青蛙形状的松脂作为收藏品。我好不容易才说服他把青蛙留给自己。我建议:"如果愿意的话,我们再去找给所有一年级同学的礼物。"尤拉很喜欢这个提议,他招呼着不断地往前走。到中午,我们已经找到了40块左右的琥珀色的松脂,够所有的同学人手一块了。

该回家了。

到现在,事情已经过去十年了。回想起这一天时我想:我当时所做的一切,我当时所追求的一切,都是教育。但当时我压根儿就没想到这是在进行教育。我是幸福的,因为这个男孩把我看作大朋友,而不是看作为他的未来考虑周全的教育者。

第二天,尤拉把我们的宝贝都拿来了,分发给了同学们,只给自己留下了小青蛙。尤拉兴高采烈地讲述着奇妙的蝴蝶、晚间神秘的沙沙声,以及与护林人的会面。

课后,尤拉留在学校里没走,我发现他在我身边打转。我想,他想对我说些什么。但面对我疑问的目光,他只是不好意思地笑了笑就低下了头。我懂了,男孩不过想与我在一起。我们一起到学校的花园里去。在那里,尤拉站在大苹果树下,我为他作画。男孩很喜欢这幅画,他请求道:"给我吧,我把它挂在家里。"

第二天,尤拉没来学校。好不容易等到下课我就跑去看他,但家里一个人也没有,房门锁着。问邻居,他们也都不知道为什么,只看到昨天晚上窗户里的灯光一直亮到深夜,听到有歌声。"继父喜欢唱歌,"邻居解释说,"昨天,他好像在招待什么人。"

过了几天,男孩出现在学校里了。他身上的变化让我吃惊:他又变成了孤僻的、警觉的、多疑的人。有什么事情发生了。我感到在这样的时刻不可以去打扰孩子的心灵。他的心再次被暴露,稍有不慎都可能引起剧痛。我尽量不表现出我的不安。我期待他来找我,问我些什么,跟我谈点什么,告诉我谁让他发狠、发昏,但他没来找我。

男孩为什么感到痛苦?这一问题让我不得安宁。回到家我什么事都做不成。我把尤拉的性格、行为与其他孩子做比较,我越思索他们每个人的命运,我的信心变得越坚定。我坚信每个孩子都是一本独一无二的书,满载着鲜明的个人情感、热情、担忧和疑惑。我,作为教师,不仅应该读懂这本书,还应创作这本书。

尤拉几天没来上课,我去找他,在家里碰到了他的母亲。我问他尤拉在哪里,她冷冰冰地回答我:"是的,他已经第四天不在家了……"

"为什么不在家?您为什么不说话?"

"我能做什么,大喊大叫?这是老把戏了:跑到草垛或在干草棚过夜去了。"

这种冷漠的语调,以及躲躲闪闪的目光,让我心痛。询问母亲是毫无用处的,她已经习惯了8岁的孩子不在家里过夜,桌上有几只空瓶和吃剩的菜,在大板凳上躺着醉醺醺的继父。

邻居说,不久前的晚上,他们听到了孩子的哭声。他哭着跑出家,往田野的方向跑去了。因为孩子很快就回来了,所以谁也没有注意到。在尤拉妈妈的家里,狂饮和打架已成了家常便饭。

尤拉去哪儿了?到哪儿去找他?什么事情伤了他的心?他为什么哭?我去了集体农庄的干草垛、干草棚,但哪儿都没找到男孩。

于是我决定到田野里、山谷里去找他。山谷里一条狗向我迎面跑来。它汪汪叫，但认出我后就摇起了尾巴。这是尤拉的小狗沙里克。我抚摸了它，它把我领到了一个峡谷。在高高的山坡上有一个小小的洞口，乔木和灌木挡住了人们的视线。"这是他为自己挖的避难处"，这一想法在我脑中闪过。尤拉已在洞里往外看，他的脸色苍白，眉头紧锁。看到我时负罪的微笑使他的眼睛放光，但他用意志的力量把笑容咽了回去，并使劲冷漠地看着我。我走到他面前，拥抱他。假装的冷漠烟消云散！男孩的双肩战栗，他的整个小小的躯体在颤抖，他紧贴着我，眼泪涌出了眼眶。

我们坐在一包看起来是作为孩子床铺的干草上。我注意到一个小包，里面露出一块面包、几个葱头。装着尤拉的宝贝的小盒子安放在靠壁的小架子上。

男孩开口说话了。

事情是这样的。尤拉的继父是个酒鬼，而且还把对伏特加的癖好传给了母亲。男孩被迫成为这种厚颜无耻场面的见证者。每当看到母亲和继父为又一次的狂饮做准备时，他千方百计地想逃离家，但从未成功。4天前，用尤拉的话说，继父用他的铁爪抓住了男孩，逼他和自己一起坐在桌旁。继父倒了一杯酒，开始劝尤拉喝酒。男孩不愿喝，他哭了，竭力想跑。这时继父使劲把一杯酒灌到男孩的嘴里。尤拉哭了起来，邻居们听到了哭声。谁也不知道尤拉的山洞，这是他在夏天挖的。

一切都明白了，男孩突然把自己封闭起来是由于母亲在生活中向他展示了某种不文明的、庸俗的、丑恶的东西。他认定所有的人都与他的母亲、他的继父一样。他觉得所有的人都是伪君子，他们的微笑，以及发自内心的同情，统统都是欺骗，至少是对孩子的欺骗。这就是他的心似乎变麻木了、感觉不到人性的善良的原因：他不再相信善是普遍存在的。

我和他一起在洞里坐着，直到晚上。这一天我比以往任何时候都更想激活孩子心中对人的信念的微弱的火花。我给尤拉讲了几位杰出人物的故事：一位乌兹别克的铁匠，他培养教育了9名别人的孩子；我的战友，在负重伤的朋友临死前，向朋友发誓要抚养他的4个孩子；杰克·伦敦和尤利·维恩笔下那些勇敢的英雄为了友谊而献身。这些了不起的人令男孩神往。他请我再讲，再讲。一个想法让我不安起来：太晚了，该回家了，但是，难道现在让他回到那些践踏了他的心灵的人身边去？

天完全黑下来时，我对尤拉说："到我家里过夜吧！"

他很高兴地同意了。我给他讲了勇敢的旅行者的故事，讲了有着博大胸怀和崇高目标的人的故事，一直讲到深夜。多么好啊！他的嘴角还挂着微笑就睡着了。他可能在梦中见到了决心无论如何要找到自己的父亲的格兰特船长的孩子们……

清早，尤拉的母亲来找我，她拘谨地感谢我对他孩子的关心，哭着对尤拉说："现在就回家，费佳叔叔（费佳叔叔就是继父）死了……"

继父的死是骇人听闻的，他是被酒精毒死的。这种生活造成的卑鄙龌龊让男孩震惊。他不理解母亲的悲痛，不相信这种悲痛是真诚的，在他看来，她的眼泪是装出来的。葬礼前他离开了家，在自己的洞里度过了几乎整整一天。晚上他回到了家，见到母亲后放声大哭。当我听说这件事时我想：在母亲的眼睛中、在她的目光中、在她的动作中，可能有某种东西，再次激发了尤拉心中对真正的母爱的深深眷恋。如果在这一时刻母亲温柔地看一眼儿子，他就会扑向她的怀中。但母亲没看儿子一眼，没对他说一句话。

晚上，他跑到我这里来。窗外下着蒙蒙细雨，男孩浑身发抖，我觉得这不是因为冷，而是由于内心的伤痛。我把他安置在沙发上。我坐在他旁边，他信任地抓住我在前线受伤致残的手。"告诉我真理。"他央求我，我明白了男孩这句话所包含的意义：要让孩子的意识中存在一些把真理看作比任何东西都宝贵的人的生动的、令人怦然心动的形象。我对他讲述真理的严酷和美丽、残酷和可爱，几乎一直讲到清晨。我们差点睡过了头。

课后我说服了他回家。

冬天来了，我尽量使尤拉能积极参加集体生活，培养他对同学们的义务感，尤其重要的是要产生对个别同学的依恋感。这种情感是在共同的活动、共同的感受、集体的快乐的基础上产生的。

年龄小的孩子对同伴的依恋感是不稳定的，主要靠情感来维持。孩子们围着松树快乐地玩了几个小时就成了朋友，但是这种友谊可能形成得快，消失得也快。尤拉的心灵需要更稳定的联系、更紧密的依恋。我建议十月儿童小组的辅导员带尤拉和几个同学一起去幼儿园，让小学生与小小孩们一起玩，他们就会感觉到，在世界上还存在着他们能够而且应该去关心的人。

孩子们很高兴去小小孩那里做客。他们为小小孩子们建造了小小的雪城——冰的房屋、桥梁、城堡、塔楼。四五岁的男孩和女孩如此信任地向他们敞开了自己的兴趣世界，这令我的学生十分感动。幼儿园的孩子们还邀请我的学生到他们的游戏房去，每个小小孩都拿出了自己心爱的宝贝。

我的学生把令他们激动不已的事情告诉了我，我从中得知他们是想送一样礼物让小朋友们高兴。我也不知不觉地加入他们的工作中去。一开始孩子们决定做一个风车，后来又想建一个鸽子窝，但这项工作对他们来说是力不从心的，我不得不自己干这件事。一星期后一个小小的鸽子窝建成了，我们把它送到幼儿园，让一对鸽子居住在那里。孩子们的快乐真是难以言表。我的学生们的高兴劲儿丝毫也不逊色。我看到了，小小孩们的天真无邪，他们对我的学生们的无限信任，深深地打动了尤拉。

幼儿园有一个4岁的女孩，她叫娜塔莎，她的明亮的、灰色的眼睛好奇地、赞叹地看着世界，似乎每分钟都在期待周围的人向她证明，他们是她的朋友。尤拉像关心自己的亲妹妹那样关心她，当女孩的手不小心扎了刺或摔了一跤时，他就会关爱地用手抚摸痛的地方，抱起她来。他们一起游戏，尤拉带给她自己的玩具，娜塔莎对他说：

"你当我的哥哥吧……"

尤拉叫她妹妹。

后来，尤拉真的有了一个妹妹。男孩做梦也没有想过事情会发生，他回到家，得知母亲在医院里，第二天邻居对男孩说：

"现在你有个妹妹了……"

尤拉跑来找我,告诉我这个让他高兴的消息。我们一起去了医院。我在门口等他。门卫放尤拉进去看望母亲。他出来时喜形于色。最让尤拉吃惊的是女孩还这么小。

"她像个玩偶,小脸还是粉红色的。"尤拉嘟嘟地说。而我想:母亲是怎样迎接她的?新的母爱在她的心中唤醒了怎样的感觉?什么时候她能成为儿子的朋友?

母亲出院时,尤拉与妹妹已形影不离了。他整天不离开她,他一抱她,她就不哭了,只不过让尤拉伤心的是母亲对女孩的漠不关心。

几个月后,母亲又结婚了。新的继父立即以他的乐观、友爱、真诚引起了尤拉的注意。他平等地对待男孩,在相互认识了之后,他开始问尤拉对什么感兴趣、最喜欢的功课是什么。尤拉对这些问题没有产生以前那种与他人接近时有的戒备。他倾心于米哈伊尔·彼得罗维奇(继父让尤拉这样称呼他)。米哈伊尔·彼得罗维奇在集体农庄的机器修理站工作,不久后,人们谈起他就像说一个优秀的技师一样。下班后,他在小棚子里安置了一个小小的工场。"我们做一个风力发电站吧,"他说,"它可以给蓄电池充电,让家里点上电灯。"(那时村子里还没有电气化)看到男孩热爱劳动,继父非常高兴,尤拉明白高兴是由衷的,因此,尤拉更倾心于米哈伊尔·彼得罗维奇了。

继父在战争年代经历了家破人亡,他非常艰难地承受着痛苦,他的妻子亲眼看到儿女死去,不久后也去世了。由于思念死去的妻儿,他离开了自己的村子。得知这些后,尤拉更加敬重他了。在休息日，米哈伊尔·彼得罗维奇与男孩一起去田野、森林。尤拉给他看自己的山洞。继父帮男孩砌了一只炉子，现在，夏天他们就可以在尤拉的"宫殿"里熬稀粥。我看到，在人性的抚爱和温暖的影响下，尤拉的脸上终于有了生气。我认为，米哈伊尔·彼得罗维奇与男孩之间形成的真诚的关系，也将逐渐改变母亲的性格。我相信这一点，因为我找到了她无情、冷漠的原因：她数次被欺骗，她的心变麻木了。

一个星期六的晚上，尤拉兴高采烈地、满脸放光地跑到我这里来。

"我们明天去森林！"他说，"妈妈和妹妹也去。米哈伊尔·彼得罗维奇邀请您也一起去。"

暑假期间，米哈伊尔·彼得罗维奇几乎不住在家里，他从一个拖拉机修理站跑到另一个修理站去维修机器。对尤拉来说，最大的快乐就是与继父一起去，他帮助米哈伊尔·彼得罗维奇，而尤拉的勤劳令继父十分高兴。

人们常常对技师说："你有一个好儿子，再过一年他就会成为你的第一助手。"在这一瞬间，米哈伊尔·彼得罗维奇看着男孩的眼睛微笑。尤拉想称这个他最亲的人为父亲，但不好意思。

小妹妹奥利娅在一点一点地长大，男孩教她走路，然后与她一起玩，给她捉蝴蝶。他为她种了花，奥利娅焦急地等待男孩放学回家，哥哥一回来马上就要他抱。

冬天，尤拉病了，母亲寸步不离他的床头。我观察了这个家庭的生活，越来越坚信，经常感受到投向自己的爱的目光，对每个人来说，尤其对孩子来说是多么重要。米哈伊尔·彼得罗维奇的爱，切切实实地改变了一个妇女——尤拉的母亲。她感觉到丈夫珍爱她的人格。这激活了她内心的人的自尊感。她成了集体农庄养蚕小组的组长，她有了参加社会生活的愿望。尤拉的幸福日子来到了。

可是幸福没有长久，他的还不强健的肩膀又扛上了新的灾难。深秋时节，母亲患了感冒。她病得很重，已不能走路了。米哈伊尔·彼得罗维奇和尤拉分担了全部家务。除了3岁的奥利娅，他们现在还有了一个3个月大的娜塔莎。母亲的健康状况一天天恶化。

米哈伊尔·彼得罗维奇决定把妻子送到医院去，他出去找汽车。尤拉照顾着妈妈，就在这时母亲死了。

痛苦使米哈伊尔·彼得罗维奇与尤拉的友谊更加深了。他们以不同的方式强忍痛苦，尤拉把自己火热的心奉献给了女孩子们，而米哈伊尔·彼得罗维奇用劳动来解愁。邻居劝他们把娜塔莎送到儿童保育院，但不论是米哈伊尔·彼得罗维奇还是尤拉，都不同意这样做。现在尤拉已经有了几个亲人了，我感觉到，男孩害怕失去其中的任何一个。

米哈伊尔·彼得罗维奇的坚强、意志力和善良，令所有的人都吃惊。下班回来后，他与尤拉一起洗衣服、打扫房间、烧水、给婴儿洗澡、给她们治病，还给她们讲故事。孩子们急不可耐地等待着父亲回家。奥利娅满5岁后，她留在家里做家务，2岁的娜塔莎由她来照料。孩子们感受到米哈伊尔·彼得罗维奇的慈爱和关怀。他们想感谢父亲，于是承担起了许多似乎是力所不及的工作。与孩子们在一起，米哈伊尔·彼得罗维奇很高兴。他是孩子们最亲密的、最忠诚的朋友。

当奥利娅成为小学生,并且在夏天可以把娜塔莎托付给她时,尤拉出去工作了,做了米哈伊尔·彼得罗维奇的助手。虽然他们白天奔波于各个拖拉机生产队和畜牧场,但每个晚上必定都回家,因为必须关心一下小女孩们。

翻阅自己的笔记本,我注意到了其中匆匆写就的两页。翻阅着笔记本,我回忆起了简单记述的事件。我记得,在那个幽静的夏日夜晚,我从拖拉机队的宿营地回来,遇见了正在地里修拖拉机的米哈伊尔·彼得罗维奇。他与我一起分享自己的快乐:尤拉请他允许自己称他父亲,尤拉解释了产生这个愿望的原因。

"奥利娅和娜塔莎听到我叫您米哈伊尔·彼得罗维奇……她们问我:'为什么你这样叫爸爸?'我能对她们说什么呢?胡说一通,说什么就像上班一样,因为我是技师的助手。女孩子们不说话,我看得出来她们不相信。我要叫您父亲,好吗?"

"我很激动,"米哈伊尔·彼得罗维奇说,"因为我早就像爱自己的亲生儿子一样爱尤拉。"

我想起了那些继父和继母们,他们因孩子顽固地称他们为叔叔、阿姨而痛苦,他们请我给予建议,如何才能赢得别人的孩子的爱。我对其中的一些人讲述了这个十分优美的故事,他们中有些人的心感觉到了我的心情在讲述时有多沉重。讲述那些善良的、敏感的、有爱心的人是很难的,这些人温暖了因痛苦而变得麻木的其他人的小孩,而那些其他人就像换衬衣一样草率地出嫁或娶妻。如何向他们解释,米哈伊尔·彼得罗维奇建立了伟大的功勋?如何向他们证明，在我们的社会中，与真正的人在一起，即使对自己丧失了信心、对善和恶已麻木不仁的人，也会变样？如何说服他们相信，至高无上的是相信人，不仅在理智上，而且在心灵上，都要相信人？

生下孩子并不意味成了父亲或母亲，衡量父母亲身份的最高标准是人的真正的情感。

每当我听到父母亲抱怨"我家里有点不对劲""我要求孩子好好学习，而他对我的要求却不以为然"，以及其他诸如此类的抱怨时，我就会想起米哈伊尔·彼得罗维奇和尤拉母亲的为时不长的幸福的家庭生活。为什么会发生所有这些事情？因为某些人（往往是年轻的家长）把家庭仅看作可以从中汲取幸福的源泉。家庭生活教育孩子，这是非常复杂的、精细的事情。只有当父母亲持续不断地充实幸福的源泉，往其中添加点东西的时候，家庭生活才能是快乐的、美满的，而对这个源泉所做出的最大贡献，就是对朋友和对丈夫、妻子、孩子的关爱。

这对于孩子尤其重要。关爱对于孩子，犹如培养人性的学校。从童年早期起就让孩子体验其他人，首先是父母亲的心灵的温暖，是多么地重要啊！如果在父母的心中没有这种温暖，那么就要帮助儿童在其他人的心中找到这种温暖。关爱的幸福，这是最丰厚的心灵的财富，我们作为教育者，应该把这种财富给予每个孩子。

儿童心灵的创伤

1951年，母亲把他带到一年级的班级来。这个胆怯的、腼腆的男孩始终牢牢地抓着母亲的手。在我们的名单上没有这个男孩的名字，我请她说出姓。母亲把我叫到一边，激动地告诉我：

"这个孩子的出生证上没有父名。生活就是这样，毫无办法。安德烈卡半岁的时候，他的父亲就抛弃了我们。他是个恶棍，我不想让儿子知道任何有关他的事情。他的照片家里一张也没有。孩子一岁半的时候，我在杂志上看到了一位在前线牺牲的英雄的肖像，于是就决定欺骗他。我对儿子说，这个士兵是他的父亲。我知道这个牺牲了的士兵没有家，这样我的欺骗就不会伤害任何人……而且还有一个幸运的巧合：我们与他同姓。

"当孩子刚开始懂得周围世界的时候，他就问我：'我的父亲在哪里？'我告诉他关于父亲的美丽的传说，他对此深信不疑。他常常让我反复讲父亲的故事，讲父亲是怎样上前线的，讲孩子三个月大的时候他是如何来了两天，讲在被整整一排敌兵包围的情况下他是怎样牺牲的。我们把父亲的肖像（不知为什么，我本人也相信这一切都是真的）挂在最显眼的地方，周围装饰着花朵。我把英雄牺牲的日子作为他的生日。

"在出生证上父名这一栏画了一道横杠。孩子一点点在长大，我一直担心会有人把真相告诉儿子。这种事不应该发生。请写上孩子的父名吧，反正他知道他叫安德烈·格里戈里耶维奇。绝不能换个说法。请您保守这个秘密，我只把这个秘密告诉了您。不要对班主任说，不要对任何人说。要不是因为这个倒霉的出生证，我本人是永远不会说出这件事情来的。您应该懂得，为了这个孩子，为了这个臆想出来的实情（对于孩子来说，这是真的，就让它对我来说也是真的吧），我放弃了自己的个人幸福。我的幸福，就是孩子的幸福。他是多么为自己的父亲自豪啊！"

他是一个我们学校在出生证上有横杠的孩子。我坚持这样一个观点：法律规定画这一道杠的条文是不公平的。不管家庭分裂、破碎的原因是什么，不应让孩子为此遭受痛苦。当然，我答应了母亲要保守秘密。我还帮助她把有横杠的出生证换成上面写着父亲名字的真正的出生证。当时村子里谁也不知道任何有关单身母亲的事，因此换证并不困难。

安德烈卡是个活泼、求知欲很强、聪明的男孩。不管教师说什么，他都会提出几十个问题。在那个战争的创伤正在慢慢愈合的年代，在每个家庭中还能感觉到战争的气息。孩子们经常请教师朗读有关英雄功绩的故事，他们凝神屏息地听着朗读。安德烈卡的记忆力极强,他几乎逐字地记住了许多故事。

一天,孩子们接待了一位客人,他参加过从德国法西斯侵略者手中解放我们的村子的战役。他讲述了英雄们——我们祖国各民族的儿子们的英雄主义壮举,他们被埋在村边的兄弟墓中。孩子们去了公墓,献上了鲜花。他们希望延长这一庄严的时刻。他们请这位过去的军官一次又一次地讲述他的战友们。军官问:

"你们是否能给我朗诵一些歌颂英雄们的诗?"

孩子们激情满怀地朗诵了诗,安德烈卡站了起来。

"我想说一说我的父亲,"他开始说,"他牺牲在战场上。在很远的地方,在匈牙利的土地上。我没见过他的墓,而且他也没有墓,因为法西斯匪徒烧了他的躯体。他被30个敌兵包围了。他隐蔽在一间小房子里。敌人对他说:投降吧,当俘虏吧。他扔出了一颗手榴弹,炸死了希特勒法西斯分子。

"敌人决定活捉他。另一些法西斯匪徒包围了房子。他们用武器射击,但父亲没有投降。他只剩下几发子弹。他瞄得准准的,打死了一个正在装子弹的敌兵。法西斯匪徒烧了房子。父亲被烧死了。报纸上写了他的功勋。我半岁的时候他就上前线了。我不记得……"

从那一天起,所有的孩子们都知道了安德烈卡的父亲是英雄,已经牺牲了。在他的班上除他之外还有7个人的父亲没从战场上回来。这些男孩和女孩都喜欢安德烈卡,想与他交朋友。他们常常在课后与他一起回家。他给他们看父亲的肖像,一次又一次地讲述他的功勋。

他的母亲告诉我,孩子们的来访让她有点不安。对某种灾难的预感让她坐立不安。

预感最终还是变成了现实。有一天回家时，她看到安德烈卡在流泪。原来在她不在家时，男孩又想起了父亲。他的一位同班同学托利亚说，他的妈妈除肖像外还保留了几枚勋章和奖章。其他孩子也开始争先恐后地炫耀家中宝贵的纪念品——信、勋章和奖章、战报的剪报。

安德烈卡不说话了。直至今日妈妈从未说起过任何宝贵的纪念品。孩子们走后，他开始翻箱倒柜，找遍了所有的柜子、抽屉、盒子，但什么也没找到。

"我爸的勋章、奖章在哪里？"母亲一进房门，安德烈卡就问。

母亲明白了一切。她决定无论如何要安慰孩子。"他听到的有关父亲的所有一切，在他的心中绝不能有任何怀疑的阴影，所有的事都是真的。"她下定了决心。

"安德烈卡，"母亲企图安慰他，"你也知道，父亲是被烧死的。连他的遗体都没有安葬。与他一起牺牲的还有几名战士。在他们的墓上立着一块纪念碑。什么时候我们到那里去一次……"

"那么，奖状在哪里？信在哪里？"男孩颤抖的嗓音打断了她。

"你还很小的时候我们家里着了火，"母亲继续说服（火灾是真的，安德烈卡常听邻居说起），"所有的东西都烧光了。我只来得及抱起你和父亲的肖像……"

她哭了，男孩开始安慰她。母亲的话让孩子安心了。孩子再也不提勋章和奖状了，但安德烈卡没有忘记自己的担忧。儿子说的每个字也让母亲不安，她觉得这些话里含着怀疑。

第一学年结束后的那个夏天，安德烈卡去了夏令营，回来时变强壮了，晒黑了。晚上他开始回忆到夏令营来的一位苏联英雄，他是个坦克兵，他也在他父亲牺牲的那些地方战斗过。他还说到了炮兵英雄指挥的战士们是怎样牺牲的。"当他说的时候（我没记住这位英雄的名字），"男孩说，"我想站起来喊：'这是我的父亲！'"

两年后，安德烈卡读四年级了。有一天他与一群同学一起在集体农庄的苗圃里工作。吃午饭的时候，一名耕地的拖拉机手走到学生们跟前。他听到了安德烈卡的姓，对这个男孩产生了兴趣。

"我知道你的父亲。不久前还见过他。"他说。

他的话把安德烈卡吓坏了。他久久地一句话也说不出来，揣摩着听到的这句话的含义，最后鼓足了勇气问：

"您怎么可能见到我的父亲！他在前线牺牲了。"

"现在很多人都这样说，"拖拉机手冷笑道，"如果母亲也这样说，那就是说，她在欺骗。你的父亲活得好好的，不久前我在拖拉机站见过他。他问我，过去的妻子和那个小孩生活得怎样？"

就是有这样的一些人，他们幸灾乐祸地揭露别人心中的痛楚，入侵他人心灵最隐秘的角落，他们把龌龊的手上的污垢留在别人的心中并以此来取乐，他们距离被他们弄得心痛的人仅一步之遥，而且还要问怎么样、痛不痛，后来，当安德烈卡的母亲告诉我所发生的一切时，我认为这个拖拉机手就是这样的人。

拖拉机手说是母亲在欺骗他。之后，拖拉机手就洋洋自得地"欣赏"他的话对孩子产生的影响，安德烈卡脸色苍白，身体紧靠苹果树，幸好这时附近一个孩子也没有。

"他在哪里？父亲在哪里？"安德烈卡仔细打听，"他是怎样的人？难道他没在前线牺牲？"

"他从没上过前线，"拖拉机手继续说，"他是个不幸的酒鬼。他逃避家庭。他本可以给你钱的。他有时钱挣得不少。如果你母亲能真正抓住他，他会每三个月付几十卢布的。"

孩子当时没听进去这些话，后来才想起这些话。现在他只想知道，他的父亲在哪里，谁是他的父亲。

"他现在当机车司炉，"拖拉机手还在津津乐道自己的故事，"他的机车组，经常从我们的车站经过。如果你想见到他，去找一个整个左脸颊上有一道伤疤的司炉。这是他打架留下的记号。"

拖拉机手走开了，还以为自己干了一件好事。安德烈卡一人留了下来。为什么父亲要抛弃母亲？该对母亲说些什么？他想立即跑到妈妈身边去。他第一次尚未下课就离校回家了。这时是12点钟。也是在那一天，有人在火车站见到了他。男孩站在月台上，望着远处，当火车驶近时他就向火车头跑去。车站值班员几次问男孩他在找谁。安德烈卡说，有个同学应该从城里到这里来找他。让值班员奇怪的是，这个孩子在仔细察看每节机车上的工人。他问：

"你的父亲是不是在机车上工作？"

安德烈卡脸色苍白，泪水涌出了眼睛。他再也不看司机和司炉了。他对值班员说了一句"不关你的事"，就跑回家了。

母亲晚上下班回来。她看到安德烈卡坐在父亲的肖像前。

"为什么你不对我说真话？"她听到了儿子颤抖的声音，"为什么不说父亲还活着？为什么他抛弃了我们？"

男孩恳求母亲说出真相。母亲明白了，他已经知道了全部真相。她沉重地叹了口气并问安德烈卡，是谁告诉他关于父亲的事，他都知道了些什么。儿子重复了拖拉机手说的故事。

"我没有力量把孩子留在臆想的传说世界中，"母亲说，"只有当我说出了真相之时，我才发现自己犯了多么可怕的错误，因为他期待我说拖拉机手是个骗子。"

很难说清是什么促使安德烈卡每天去火车站的，他想看到父亲，这是毫无疑问的。

谁也没有见到父子的见面。儿子哭着回家，据此母亲就猜到他们见面了。她明白，父亲接受了儿子。母亲想安慰孩子，但她不知道说什么好。她默默地抚摸着他。儿子哭了。

当委屈的痛苦稍微缓解一些时，安德烈卡对母亲说：

"这个人不是父亲。他甚至不想跟我说话。"

母亲说："我看到他的眼睛在哀求，请求得到证实：是的，这个不是父亲；真正的父亲就是肖像上的那一个。我说了这些话，我不知道我是从哪里来的信念的力量，但我本人深信自己所说的一切。是的，我亲爱的孩子，真正的父亲是在你的心中唤起了人的自尊的那个人，他的形象成为你的榜样。我的话语热情越高，孩子的眼中就有更多快乐，安德烈卡就越相信我。我开始明白，他还没有彻底懂得父亲意味着什么。在他的意识中，父亲就是最亲爱的人、最亲近的人，他不能容忍把冷酷的、没有心肝的、抛弃儿子的人称作父亲。"

从那时起，对牺牲在战火中的英雄的纪念对安德烈卡来说变得更加珍贵。他自豪地对同伴们讲述自己父亲的丰功伟绩。孩子的想象用新的情景丰富了简单的故事。当司炉的那个人已消失在某个地方，也从他的记忆中消失了。看来，对男孩来说，即使这个人生活在他旁边，也是无所谓的，反正他是个不相干的旁人。

1961年，安德烈卡中学毕业，对真正父亲的记忆成为一种最珍贵的东西扎根在他的心中。

我看到，许多孩子在童年时期，由于家长的草率、冷酷，他们付出了痛苦和眼泪的代价。孩子的真正的悲剧是相信他是违背了父母的意志来到这个世界上。在懂得生育秘密的很久之前，即人在童年时代，就从许多代人积累下的道德经验中接受了这样一种信念：他来到这个世界是具有道德意义的。也就是说，根据父亲对待他出生这一事实所持的态度，人们就可以判断他的未来是否幸福。

孩子最爱最亲的人是给予他生命并把此视作最大幸福的那个人。人的义务的永不枯竭的源泉，就在父亲和母亲的幸福之中。如果没有这种幸福，也就没有真正的父亲和母亲，孩子也就没有了可以真正直观的、令人信服的高尚道德的榜样——一个人对其他人的爱，一个人对其他人的未来的责任心。

如果孩子没有好父亲，他就失去了最亲的人。

培养一个孩子是多么困难啊！生活中的每步都使他相信，由于自己来到了世界上，带来了疑惑、争论和丑事。就像久久不能愈合的伤口那样，带给他们的是痛苦、委屈，而使他心痛的人是那个不得不称为父亲的人。甚至一提起这样的父亲就会让人伤心。这常常成为道德沦丧的原因：孩子失去了对人的信心，变得凶狠起来，把慈爱质疑为奉承，把严格要求质疑为不信任，把体贴入微的同情质疑为虚伪。

孩子关于忠心、对人的忠诚的最初的道德观念是从父母的良好声誉、诚实心灵和高尚行为中发展出来的。父母与学校、少先队组织在儿童的意识中塑造的道德理想靠得越近，儿童感受到的幸福就越充实，他就越有信心去捍卫自己的正义，对家庭的荣誉和他个人的荣誉就越感到珍贵。安德烈卡的母亲（安德烈卡的命运我已经说过了）就深刻地感受到了这一点。她在儿子的意识中创造了一个英雄父亲的形象。为了儿子的幸福，她拒绝了父亲本可以给予她和儿子的物质帮助。她懂得，这个人不可能成为真正的父亲，于是拒绝了他。

我遇到过一些成年人，他们不知道自己的父母是谁。他们已有自己的孩子，却对自己的父母一无所知，这让他们感到难受。我经常听说他们不顾一切地要找到生了自己却没给自己全部温存、爱和忠诚的那个人。每当听到这样的事情，我都会对他们如此强烈的愿望感到震惊。这样的寻找有的持续了几十年，支撑儿子或女儿们的是这样的一种想法：有人在寻找他们，在思念他们。

让我们想象一下，共产主义社会的人和社会将是什么样的。年轻一代对家庭将如何发展和巩固的问题尤其感兴趣。我深信，在共产主义社会中，母亲的、父亲的和子女的情感将丰富新人的精神世界，人的精神世界将提升到人性的最高境界。父亲把婴儿的降生看作自己生活中最重要的一步、最大的荣誉和最高尚的道德就是在复制，在新的、更高的阶段上重复自己在人的精神发展中已经能够达到的境界。在这一重复的过程中，在自我的完善中，人为自己的创造力和能力的表现找到了无限广阔的空间。为社会培养高尚的、诚实的、理智的新世界的建设者，这是每个人至高无上的社会职责，是无上光荣的事业。

因此，所谓血缘关系的情感毫无疑问应该得到深化，儿童把自己的父母看作高尚道德的榜样。

我们应该使这样的时刻早日到来。我们的首要任务就是培养年轻人对人类最美丽的情感具有高尚的、崇高的责任感，即培养爱的情感。教会生活，首先要教会年轻人深化自己的情感，用道德上高尚的行为升华自己的情感。

人的道德品质越高尚，他就越有可能创造自己的爱，越有可能成为自己情感的主人。在共产主义社会，人是伟大的，这不仅表现在自己的事业中，而且表现在情感中。

今天，我们可以听到这样的议论。例如，随着寄宿学校网的扩大，家庭在教育年轻一代中所起的作用将会减弱。这一误解来自对社会和个人的本质不正确的认识。在共产主义社会，家庭将更加巩固，家庭关系将彻底摆脱物质上的盘算而达到高度的纯洁和稳固。在共产主义社会，人成为社会发展的中坚力量和中心。人的能力和道德品质的充分发展应该而且必将反映在新一代的道德发展中，只有父母双方具有牢固的共同的精神——心理上和道德上——审美品质，并在此基础上建立稳固的、作为社会基层组织的家庭，而且，只有当孩子不是维系家庭的精神联系和避免家庭解体的锁链，而是体现了这种联系的美和高尚的道德之时，以上所述才能成为现实。

今天，许多家长送子女去寄宿制学校，遗憾的是有些是由于他们没有能力教育自己的孩子或想躲开孩子。父母给予孩子的东西，寄宿制学校是永远都不可能给予的，寄宿制学校不能弥补孩子在家庭中失去的东西。任何物质福利，任何东西，即使是最合理的规章制度，都代替不了情感。除了好的集体，孩子还应该有最亲的人。对这个亲人而言，孩子的出生、发展和精神生活中的每步，都是他最大的快乐。

对纯洁爱情的向往

不久前,我们学校发生了一件事,这让教师们深受触动,促使他们思考一个德育中最困难的问题。

放学后,十年级女生尼娜的母亲来到学校。所有人都知道尼娜是一个热爱劳动、淳朴、稍有点孤僻的姑娘。她的母亲有些激动,等教师都走后,她与我还有十年级的班主任谈了令她激动的这件事。昨天,这件事让她感到震惊,整夜辗转反侧。

"昨天晚上,"尼娜母亲强忍住激动,她说,"尼娜去了果园。我已经习惯了,这个姑娘几乎每天晚上都喜欢坐在苹果树下。这天晚上我看到尼娜在镜子前梳妆打扮了好长时间,我心想,有客人来找她。我有点担心,但又想打消不安的思绪,我知道,姑娘已经 17 岁了,应该尊重她心中正在觉醒的东西。为防万一我还说:'别耽搁得太久,女儿。'

"尼娜脸红了,红得像玫瑰一样,因此,我确信,这是她的第一次约会。

"我躺下，但睡不着，心里七上八下……听到急促的脚步声后，我的尼娜跑回了家。她迅速地打开门，坐在沙发上哭了起来。月光照亮了房间，我看清了她脸上的每根线条，她的脸上有深深的痛苦和委屈。于是，我起床走到她身边，安慰她。

"我的女儿总把她的所有想法告诉我，这一次她也告诉我发生什么事了。

"'妈妈，亲爱的，我能相信谁呢？科利亚来找我，我爱上他了，我觉得他很聪明、谦虚。我们以前常在一起坐坐，说说话……但我发现，老是我在说，他一声不吭，然后，他拉着我的手，开始拥抱，说了一些庸俗的话。我挣脱了他的手，打了他一个耳光……而他却笑，他的笑容很恶心。我想，即使装装样子也应该请求原谅，但他却冷笑着说：'瞧瞧，多么开不得玩笑的人。你以为我来听夜莺唱歌吗？或者来看月亮吗？'我脑子里有许许多多火热的话，但听到他说这些，所有的话好像都熔成了一团火，我想把这团火扔到他的脸上。我鼓足勇气只说了一个词：'卑鄙。'他继续说着什么，我就什么也没听……亲爱的妈妈，我该怎么办？难道美好的、纯洁的爱情，只有书里才会有？如果那样的话，生活是为了什么？'"

"这就是发生在我女儿身上的事，"母亲继续自己的叙述，"你们可能知道科利亚。他比我女儿大5岁，刚从军队复员回来。他几次来找尼娜借书，看上去是个相当体面的人。我压根儿没想到，表面上这样有礼貌的、殷勤的人，却是如此恬不知耻的下流痞。许多年轻人遭到这种坏影响的毒害，太可怕了。他们把姑娘看作可以采摘的一朵鲜花，欣赏了花朵的芬芳后就扔掉。他们寻找短暂的快乐，为赢得那些信任他们的姑娘的芳心而以'胜利者'自居。如果违背他们的愿望而生下孩子，他们就认为那是倒霉，是生活对他们的捉弄。

"可怕的不仅是某个恶棍可能会破坏我女儿的生活。可怕的是如此的庸俗将会亵渎情感。

"你们当老师的，是看着男孩如何从孩子发展而来。那么，请想一想，这种可怕的庸俗的根隐藏在什么地方，在我们的社会中，还有些孩子来到这个世界上就是他们的母亲因爱情而得到的痛苦的报应，这些孩子会让你们感到不安。

"有一种人认为自己是谁也不需要的人，自己是意外地来到这个世界上的，他们在童年时期就被这种思想毒害了；一个存在着成千上万的这样的人的社会，难道可能是幸福的社会吗？如果一个人对他所生的孩子没有义务感，哪里还谈得上对社会的义务感。想一想，如何培养年轻的一代，如何使他们的心灵不受创伤、情感不被亵渎，如何使期盼新人的诞生就像期盼最幸福的节日一样！"

我们继续听着尼娜母亲的诉说，她激愤地指责与人的教育培养有关的一切，其中包括家庭、学校、共青团组织和社会各界。某些年轻人粗鲁、庸俗、下流，其根子就在于情感的荒芜，与此相伴的就是一个人首先在家中，其次在学校、少先队组织和共青团组织中对其他人的态度冷漠、冷酷。卑鄙的人和庸俗的人通常出现在这样的家庭中，在那里，他们或背叛义务，或出于动物的本能表现下流，或贪婪地追求物质享受，因而，他们会亵渎和践踏爱情。听着尼娜母亲的叙述，我们想起了奥利娅和亚历山大。他们是两个"意外的"孩子，没有父亲，没有得到温存和爱。母亲带着他们来到我们的村子，当时奥利娅和亚历山大已经是大姑娘和小伙子了。母亲抱怨自己的命运，每天都提醒孩子们，他们是对她的惩罚，是她的不幸。可能孩子们从开始懂事起就形成了一种想法：世界上有两个人，他们给了孩子生命，但不给幸福，这两个人是卑鄙的家伙。所有父亲都是这样卑鄙的人，没有任何爱情，只有狡猾和行骗的本事。

19岁的小伙子亚历山大去工厂工作。姑娘们着迷地看着这个黑眼睛、身材匀称、卷发的钳工，而且据说他还有一双巧手。他开始追求吊车司机——美女卓娅，但同时又对其他女性（一位办公室工作人员，年轻的寡妇，比他大5岁）感兴趣。有一天他对自己的同伴说把两个人都"搞到手"了。于是，这个19岁的恶棍成了两个孩子的父亲，在这两个孩子出生前的很长一段时间里，这两个不幸的母亲都认为孩子是对自己轻信的惩罚。他去参军了，复员后去了一个新的建筑工地。每当有人提到他的名字，我们都感到痛心，为被践踏的人性美而痛心。他曾经的学校是否为拯救他的灵魂、净化他的情感做出过努力？如果努力过，看来这种努力对于抵制他的心灵在家中吸收到的不道德而言是软弱无力的，在家中，他母亲的每句话、每个行动都在诉说：不可信任人。

我们社会还有一些人用功利的眼光看待爱情和婚姻。不久前，在基辅发生了一件令年轻人、大学生和知识分子感到震惊的事。一个年轻人（一位领导干部的儿子）在上大学时爱上了同班的一位姑娘，姑娘是农民的女儿，她也爱小伙子。年轻人的父亲得知儿子是认真的后，就劝说他中止与姑娘的关系：你，来自显要人物的家庭，而她只不过是农民的女儿；你的父亲与你的未婚妻的父亲（一个普通农民）之间有什么共同语言……

儿子是个意志薄弱的人，父亲的沽名钓誉也传染给了他。他服从了父亲的意志，与诚实的、高尚的姑娘的关系破裂了。她的初恋被糟蹋了，大学生们说，他没有良心，不但不敢坦率地陈述破裂的原因，甚至不敢与她谈一谈。他逃避会面，在图书馆或其他地方与姑娘不期而遇时，他垂下了眼角。

一段时间后，一个消息传来，这个自以为是、醉心于地位的官员儿子娶了一位将军的女儿。新娘已有两个孩子，她因为"性格不合"与丈夫离婚，与父母同住。新娘和新郎的父母为了让两位年轻人能无忧无虑地、丰衣足食地生活而尽其所能，新婚夫妇得到了一套家具齐全的住宅，新娘把自己的孩子交给母亲抚养。据说，这是为了爱情的完美所必需的，仅此一件事就可知新娘的道德面貌。

所有这一切让年轻人震惊和愤怒。受到理想信念鼓舞的小伙子和姑娘们认为这种事情不可思议，热烈地讨论这样一个问题：为什么儿子如此轻易地屈从于家长因循守旧的风俗？得出的结论是：小伙子没有真正的爱情，他从小就在家里遭受官场风气和名利心的毒害，他不把人的尊严看作他的精神财富，而看作借以攀登的阶梯。

某些年轻人在屈服于家长的意志时毫不在意自己的命运与谁联系在一起，这让人感到很不安。我们绝不允许社会上任何一个小伙子或姑娘用自己纯洁的情感去换取名利，对崇高情感的忠贞不渝应从童年和少年时代起就在心中扎根。

在真正的爱情中，智慧能帮助情感，使人的精神活动在道德上站得住脚，而不是对情感进行算计，进行逻辑分析；智慧能帮助人在考虑所有问题时，不是只知道"赞成"和"反对"两个极端，而走这种极端在大学生中是常见的。如果你有着深深的眷恋，违背了落伍的家长意志，那么，他们不论在情感上还是在理智上都会气愤。在情感和理智结合在一起的情况下，在人的心中占主导的是良心的声音。这种声音的力量非常强大，以至于年轻人根本没有资格去考虑要不要与自己心爱的姑娘分手的问题。

对他人的悲欢敏感的人，要对忠诚的、唯一的爱情做好精神上的准备。应使我们受教育者的生活没有单相思的痛苦、悲伤、委屈和哀愁，应使男孩和小伙子尽可能多地把自己心灵的温暖奉献给女孩和姑娘，这对于人性道德上的完善是极其必要的。学校教育从一开始就要向儿童灌输这样一种思想：女孩、姑娘、妇女身上有着全部的人性美，这是因为她们是新生活的创造者，新人的创造者。

在旅行时说服小伙子为姑娘背行囊并不难，他们会背起行囊并为自己的吃苦耐劳而自豪，要引导未来的男人和丈夫的精神力量，让他们看到自己姑娘的精神美，通过对这种美的认识而为自己的生活感到自豪。这远比背行囊复杂得多。

很重要的是，小伙子在开始爱恋姑娘之前就要对姑娘的人性美表示由衷的赞美，并对这种美有深深的虔诚。多方面的智力、审美和创造的兴趣、追求和冲动，应该用来丰富姑娘的精神世界。只有在青年时代积累了丰富的精神美，两颗心之间纯洁的爱才能保持多年。常常把自己的美、自己的精神财富奉献给另一个人，这就是纯洁的、忠诚的爱情。如果没有精神财富，没有什么可奉献的，人们很快就会消耗彼此的积累，相互暴露自己的贫乏，于是就彼此厌恶，经常争吵，甚至断绝关系。

只有人的心中有某种高尚的爱，爱情才会使一个人变得高尚。在创造新人之前，他应学会创造能提升整个人类的那种东西。每个小伙子，每个姑娘，当为人类的智慧、技能和创造的宝库贡献自己的点滴力量时，都应有一种自豪感。每个小伙子，每个姑娘，都应有自己的生活目标，只有为某些事感到自豪，并在这些事中表现出了独一无二的个性，人的生活目标才是高尚的。无个性的、无才能的人，过着做一天和尚撞一天钟的日子。这样的人在生活中也是无才能的，对他来说，丰富的、有血有肉的爱情是可望而不可即的。我们要努力做到使每个人在生活的起点上都能为自己的现在感到自豪，都能满怀信心地向往未来，使每个人在爱情之花盛开前都能找到生活的幸福，不需要用爱情来填补心灵的空虚（用爱情去填补心灵的空虚是生活中最可怕的事，想用爱情来摆脱寂寞或在爱情中寻找慰藉的人是最可怕的人）。那些在恋爱之前就得到幸福的人，他的幸福来源于自己的创造性劳动，来源于把自己的一腔热血奉献给了人类的幸福和友谊。只有这样，爱情才会带给他幸福。

高尚的爱情产生的前提是，人的全部力量、能力、才华和天赋都得到充分的发展。